Theodor Vetter

Die Diskurse der Mahler, 1721-1722, mit Anmerkungen

herausgegeben von Theodor Vetter

Erster Teil

Theodor Vetter

Die Diskurse der Mahler, 1721-1722, mit Anmerkungen herausgegeben von Theodor Vetter
Erster Teil

ISBN/EAN: 9783743353015

Hergestellt in Europa, USA, Kanada, Australien, Japan

Cover: Foto ©Thomas Meinert / pixelio.de

Manufactured and distributed by brebook publishing software (www.brebook.com)

Theodor Vetter

Die Diskurse der Mahler, 1721-1722, mit Anmerkungen

herausgegeben von Theodor Vetter

Die Discourse der Mahlern.

1721—1722.

Mit Anmerkungen

herausgegeben

von

Theodor Vetter.

Erster Teil.

Bibliothek älterer Schriftwerke der deutschen Schweiz
Zweite Serie, Zweites Heft.

Frauenfeld.
J. Hubers Verlag.
1891.

An den Erlauchten
Zuschauer
der
Engeländischen Nation.

Erlauchter Zuschauer.

Dieses Werck hat euch seinen Ursprung, einen Theil seiner Methode, und vielleicht alles dasjenige zu dancken, was es artiges hat. Nachdem das Gerücht von dem Nutzen und der Zierlichkeit, mit welchen [)(2] ihr eure Entdeckungen über den Punct der Sitten eurer Insel begleitet habet, gantz Europen durchgelauffen, haben sich in einem Winckel desselben Menschen gefunden, welche von der starcken Begierde ihrer Nation zu dienen sich haben verleiten lassen, eben dasselbe zu versuchen, was ihr bey der euern so glücklich ausgeführet habet.

[Erster Teil.]

Wir sind diese verwegene Menschen, die sich ohne die Vortheile, welche euch, Erlauchter Zuschauer, eure gesunde Vernunfft, eure lebhaffte Imagination, eure polite Gelehrtheit, eure lange Erfahrenheit, euer Stillschweigen, eure verständige Nation gegeben, unterstanden haben von den Sitten der Menschen zu schreiben. Darum ist auch meistentheils geschehen, daß wir öffters von euch abgewichen sind; einige mahle haben wir es unwissend und ungeschickt gethan; andere mahle mit Vorbedacht und nach der Uberlegung der Situation in der wir gestanden; zuweilen, aber wenig mahle ist auch geschehen, daß vernünfftige Gründe uns das Recht gegeben haben, euch zu verlassen: Endlich hat unsere Bemühung bißhero nicht weiter gelangen können, als auf den Grade, wo ihr die gegenwärtigen Discourse sehet.

Wenn wir sollten sagen, ob sie Geist haben, so stühnden wir sehr betretten. Wir sagten nicht gerne, daß sie keinen haben, weil man uns sonst vorrücken konnte, was wir damit wollten, daß wir dem tieffsinnigsten Kopff ein kahles und unmächtiges Werck zuschreiben? Wir wären in der That ungleich lächerlicher, als wenn wir einem Krieger eine Schachtel voll Schmincke, Mouches und Säfften, und einer Jungfer einen Pantzer, Helm und Schild geschenckt hätten: Wir dörfften auch nicht laut sagen, daß wir Geist zu haben vermeinen; es sind allzuviele Leute, die sich dagegen setzen würden, und schweeren, daß sie keinen Funcken davon sehen. Wir wollten demnach sagen, daß wir es selbst nicht wissen, welches auch das wahrscheinlichste wäre; aber wir wollten anbey behaupten, daß wir nicht viel vonnöthen gehabt haben, dieweil der berühmte Nahme des Zuschauers den wir in unsere Schrifften gemischet, schon genugsam ware, ihnen Credit zu machen. [)(3]

Ob es je wahr wäre, daß wir dunckel und kaltsinnig mahlen, so dächten wir die Schuld auf unser Clima zu werffen. Man sagt allenthalben, daß die Lufft des Schweitzer-

[Widmung.]

Landes die Lebhafftigkeit und das Feuer der Imagination nicht einblase. Wenn dieses nicht bequem wäre uns gäntzlich unschuldig zu machen, so würde es doch die Schuld in der Masse erleichtern, weil unsere Eids=Genossen sie uns helffen müßten tragen. Das ist gewiß, daß bißher unsere Frauens=Personen unser Werck mit keinen so artigen Brieffen beleben geholffen, wie wir in euern Discoursen von euerm Frauenzimmer lesen, welche angenehme Schreiberinnen ihnen auch ohne Zweiffel den gröften Glantz mitgetheilet haben. Wir sagen dieses nicht ohne Furcht die Landes=Töchtern zu erzörnen, weil jemand daraus schliessen kan, daß sie nicht so viel Feuer haben als die Engelländerinnen, darum suchen wir sie wieder zu begütigen, wenn wir bekennen, (glaubet nicht, daß die Imagination hier von der Passion betrogen werde) daß sie, da sie den euern an Geist nachstehen müßten, den Rang der Schönheit behaupten können. Wir wissen, daß die meisten den Ruhm schön zu heissen wol so viel werth halten, als die Ehre geistreich zu seyn.

Man könne endlich für oder wieder unsere Discourse sagen was man will, so untergeben wir sie, Erlauchter Zuschauer, euerem Urtheil, und ihr sollet, wenn es euch gefällt, derselben Aristarchus seyn.

Unsere Wahl, die auf euch gefallen, kan nicht billiger seyn. Es ist keiner der mehr Recht habe uns zu beurtheilen. Ein Mann der die Menschen so glücklich studiert hat, der nichts anders als etwas lustiges, seltenes, wol entdecktes, subtiles, nützliches gesagt hat; von dem man bekennen muß, daß die Personen, welche er mahlet, sich selbst niemals so gantz gesehen haben, als in seinen Schildereyen; der sich selbst by Leb=Zeit in einer grössern Reputation gesehen hat, als er sich von den Historie=Schreibern der nachkommenden Welt hat versprechen können; ein solcher Mann wird das gewisseste Urtheil von unserer Verrichtung abfassen. Das ruhmlichste für uns, und dasjenige worinne unsere Hoffnung uns nicht betreugen kan, ist dieses, daß ihr die Begierde gutheissen werdet, die uns beseelet hat, um die Tugend und den guten Geschmack in unsern Bergen einzuführen. Dies wird genug seyn die Emulation in uns aufzuwecken, daß wir uns befleissen durch grössere Geschäffte einen so vornehmen Mann uns auch gewogener zu machen, nachdem wir im übrigen keine grössere Ehre suchen, als diejenige, daß wir gewußt haben, wir können kein vortrefflicher Original zum Objecte unsrer Nachahmung nehmen, und daß wir mit einer Hochachtung, die aus der Kenntniß eurer Meriten entsprungen ist, uns unterschreiben

Erlauchter Zuschauer

Eure unterthänige und gehorsame
Diener

Die Mahler.

I. Discours. [Bodmer.]

Quis leget hæc? Min' tu istud ais? Nemo, Hercule, Nemo?
Vel duo vel — — nemo. Turpe & miserabile! Quare?
Persius Sat. 1.

Wer ein Buch will in die Welt ausgehen laſſen, findet für ſeine Perſon gleich viele Urſachen ſich einen glücklichen Succeſſe zuverſprechen, und das Gegentheil zubefahren. Wenn er auf der einen ſeiten gläubet, daß er ſeine Materie wol außerleſen, daß er ſie mit guten Vernunffts-Gründen unterſtützet, daß er ſeine Gedancken in ihrer wahren Proportion, und in ihrer natürlichen Schönheit ausgebildet habe, ſo hat er Fondament die Hoffung zufaſſen, das Publicum werde ſolche Sachen die nützlich, vernünfftig ſind und wol geſchrieben, mit der beſten Approbation aufnehmen. Wenn er ſonſt dieſe gute Meinung von ſeiner Schrifft nicht hätte, daß ſie wegen ihrer Güte meritirte publiq gemachet zu werden, ſo hätte er Tort ſie den Leuten zubebitieren, weil es zu ihrem und dabey zu ſeinem eigenen Schaden ausſchlagen würde. Das Publicum würde die koſtbare Zeit und das Geld verliehren, welches es auf eine Scarteque wenden möchte, es würde die Lügen, die Salbaaderey und die Thorheit kauffen, und ſich damit den Kopff zerbrechen: Und er legte ſeiner ſeits ſeine Unwiſ-[A]ſenheit an den Tag; er gäbe ſich einer gerechten Satiren bloß, und ſähe ſein Buch noch vor ſeinem eigenen Ende, in den Staube werffen und von den Würmern gefreſſen werden. Ob demnach zuerſte ein Autor ſelbſt einen guten Concept von ſeiner Schrifft hat (ohne welches er nicht befugt iſt, ſie der Welt mitzutheilen) ſo findet er Urſache, die gute Aufnahme derſelben in der Hoffnung zuvorzuſehen, und dieſe Rechnung zumachen, daß jedermann ein Werck werde leſen und

applaudieren, welches mit seiner Nützbarkeit, mit seiner Vernunfft=
mäßigkeit und mit seiner Artigkeit jedermann in die Augen leuchtet.
Er kan gedencken, daß ein jeder suchen werde sich daraus zuerbauen,
daß seine Schlüsse einem jeden precis und starck vorkommen werden,
daß seine schöne Beschreibungen jedermann ergetzen werden; Endlich
daß die Reüssite seines Buches unfehlbar erfolgen werde.
So bald er aber auf der andern seiten die Caprices des
Pöbels, und die Uneinigkeit und Leichtsinnigkeit betrachtet, welche
sich in den Urtheilen der Menschen ereignet, so siehet er mehr als
eine Ursache zufürchten, daß seine Schrifft von dem Publico, von
welchem die Ignoranten und die Pedanten die grössere Zahl machen,
werde verachtet werden. Die Gabe, die guten und die falschen
Gedancken von einander zuunderscheiden, ist rarer in der Welt als
Perle und Diamante. Man hat gesehen den ungereimtsten Zeug
eine lange Zeit mit der grösten Begierde auffkauffen, durchlesen und
erheben, mittlerweil das beste Buch in den Händen weniger Per=
sonen oder überall unbekannt geblieben ist. Es hilfft einem Scribenten
nichts daß sein Buch gut seye, wenn der Leser ein Barbare. Der
in die Gedancken eines raisonnirenden, wolredenden, auffgeweckten
und subtilen Autors penetriren will, muß selber die Logiq und die
Eloquentz studiret haben, er muß selber eine lebhaffte Imagination
und einen tieffsinnigen Geist besitzen, oder er lauffet in Gefahr daß
ihn ein Sophist betrieget, daß ihm sein Autor unvernehmlich wird,
daß er sich seine Descriptionen nicht wol fürbilden kan, und daß
er seine vernünfftige Schlüsse nicht zu disintriciren weiß. Neben
diesen Requisitis, die man überaus selten in einem Leser beysammen
antrifft, muß er sich noch in einer Disposition finden, welche ihn
von allen den Vorurtheilen entfehrnet, welche des Autors Rahme,
Farbe, Habit, Statur, Alter, Verwandschafft, Autoritet einem blöden
Gehirne einspinnen können. Weder Haß noch Favor muß ihn
besitzen. Der Scribent seye ein Grieche, ein Römer, oder ein Phenizier;
er nenne sich einen Philosophen, einen Rhetor, oder einen Gram=
maticum, er habe seinen Rahmen von einem Ritter=Sitz, oder von
einem Handwerck. Für diß alles muß er nicht die geringste Con=
sideration haben. Er hat keine Relation, als mit der Evidentz. Diese
ist seine Führerin nach der Wahrheit. Ich lasse einen jeden bey sich
selbst ermessen, wie selten die Leute in dieser Situation begriffen
sind, wie groß gegentheils ihre Dummheit, ihr Flegma, ihre Miß=
gunst, ihre Partheilichkeit. Dies alles ist nun capabel einem neuen
Autor Furcht einzujagen, und seine Hoffnung wol zureussiren, genau

[A 2] zubeschneiden. Er mag setzen, seine Gedancken und die Ausdrückung derselben seyen raisonnabel, so ist es der gröste Hauffen der Leser nicht allezeit.

Was die Autores des gegenwertigen Blattes anbetrifft, welche sich heute zum ersten mahle wagen, auf das publique Theatrum zutretten, so schliessen sie die Reussite desselben gern inner die enge Cirkel dieser wenigen politen Personen, welche bey ihrer Unpartheiligkeit auch die übrigen Qualiteten eines guten Lesers besitzen, das reiffe Discernement, die Kenntniß der Sprache und ihrer Zierlichkeit, die lebhaffte Imagination, den fertigen Geist. Diese auspolirte Menschen sind es, für welche sie schreiben, und welchen sie ihre Arbeit zu eigen übergeben; sie haben das Ziel ihrer Wünschen erreichet, wenn dieselben ihr Present annehmen, und sie wollen glauben daß sie reussirt haben, wenn ihre Schrifft von solcher Güte ist, daß Octavius, Balgius und die beyde Visci sie für passabel erklären, wenn Servius sie ohne Flatterie rühmet, und Furnius dieser rechtschaffene und aufrichtige Criticus. Wenn sie dieses erhalten werden, so sind sie sicher, daß die Nachwelt ihre Sachen wieder hervorsuchen werde, wenn sie nicht mehr auf der Erde existiren werden, und sie werden eine geheime Begierde in sich selber empfinden, sich immer durch bessere und vollkommenere Unbernehmungen der Gewogenheit und des Lobes ihrer politen Patronen würdiger zumachen. Sie werden alsdenn dem Fener nachfolgen, welches nicht einsmals in Flammen ausbricht, sondern mit einem kleinen Rauche anfängt sich zuentdecken. Wenn aber auch diese Hoffnung die sie haben, nur den wolgemachten Gemüthern zugefallen, einen Blossen schlagen würde, so wie sie Ursache finden zufürchten, daß ihnen als Menschen begegnen könne, das ist, solchen, denen ihre eigene Schwäche verborgen ist, oder die doch geneigt sind, dieselbe sich selbst zu gut zuhalten; die schwach sind, unwissend, flüchtig; aber stolz, ehrgeitzig, in sich selbst verliebt: So erklären sie hiemit ihre aufrichtige Resolution, daß sie in solchem Fall sich selbst Gewalt thun, und von freyen Stücken ein Werck, das das Unglück hat, daß es ohne Nutzen ist, weil es den Verständigen nicht gefällt, in seinem Anfange einreissen wollen, und die Zeit auf glücklichere und nützlichere Geschäffte sparen.

Sehet da, geliebter Leser, die Disposition in welcher die Herausgeber dieser Blättern über das Capitel von derselben Reussite begriffen sind; und zugleich diejenige in welcher ihr stehen müsset, wenn ihr das Recht wollet geniessen, eine Stimme in derselben Beurtheilung zugeben. Man hat für gut angesehen euch davon zuunberrichten, bevor man sich näher von dem Absehen und der Methode dieser Scribenten herauslassen wollen.

Ihr könnet aus demjenigen was bereits gesagt worden, abnehmen, daß es eine gantze Gesellschafft ist, welche sich zusammen verbunden hat, die Discourse zuschreiben, von welchen dieser den obersten Platz hat. Gleich wie sie zu ihrem Objecte den Menschen genommen hat, so pretendirt sie von allem demjenigen zureden was in sein Capitel gehört, ohne andere Ord=[A 3]nung als diejenige zu welcher ihr ihre Nebenmenschen und ihre eigene Situation von Zeit zu Zeit Anlase geben werden, ihre Speculationen walten zulassen. Ihre Passionen, Capricen, Laster, Fehler, Tugenden, Wissenschafften, Thorheiten, ihr Elend, ihre Glückseligkeit, ihr Leben und Tod, ihre Relationen die sie mit andern Entibus haben, endlich alles was menschlich ist und die Menschen angehet, gibet ihr Materie an die Hand zugedencken und zuschreiben. Wiewol nun die Membra dieser Societet durch die gantze Schweitz vertheilet sind, und so gar einige ausser dem Helvetischen Verbündnüß leben, so haben sie sich doch obligirt in der gesetzten Zeit das Quantum von ihren Anmerckungen und Reflexionen einzuschicken, und dieserhalben underhalten sie eine beständige Correspondentz mit dem Presidenten. Dieser enthält sich in unserer Stadt, und es kan keiner zu dieser Stelle gelangen, der nicht hier wohnhafft ist; er hält wochentlich mit denen andern Gliedern die in dieser Stadt wohnen seine ordenliche Sessionen, alsdann giebet er ihnen Part von demjenigen was die entfehrnte Membra eingeschicket haben, welches gelesen und undersuchet wird. Einige von denen welche zugegen sind recitiren dann ihre Discourse; andere proponiren das Schema von einem neuen; man discourirt, man critisirt darüber pro und contra. Bald wird ein Periodus abgeschnitten, bald wird eine niedrige Rede durchgestrichen, bald wird ein Schluß für ungültig erkläret, oder eine duncfle und unvernemliche Zeile wird loßgewunden, ein hohes Wort wird bey einer hohen Sache angewandt, eine Thesis bekömmt ein stärcker Fondament von einem neuen Beweiß=Grund. Zu letzt wird fest gestellt was den folgenden Donnerstage dem Publico solle gemein gemachet werden, nachdem die Coteri die Resolution von sich gegeben hat, alle Donnerstage mit einem Discours aufzuwarten.

Die den Engeländischen Zuschauer gelesen haben, werden ohne Mühe mercken, daß die Gesellschafft ihn zum Muster genommen hat. Alle Gelehrte wissen was ungemeine Approbation diesem Autor nicht allein in seinem Vatterlande, sondern auch in Franckreich und

Deutschland widerfahren, wo er in nicht minderer Estime stehet, und wer die Menge der Materien betrachtet, die er ausgearbeitet hat, seine Critische Dissertationen, seine moralische Entdeckungen, seine politische Maximen, seine satirische Scherze, und die ergetzende Manir mit welcher er seine Gedanken ausgedrücket hat, wird mit Verwunderung gestehen, daß er noch den Ruhm übersteiget, der doch von ihm erschallet.

Ich kan die gute Wirckungen seiner kleinen Discoursen, welche aller Orten die gesunde Vernunfft ausgebreitet haben, die Gemüther aufgekläret, die Tugend gepflanzet, keiner anderen Ursache zuschreiben, als der Kunst welche der Autor gewußt hat, das Nützliche mit dem Angenehmen und Ergetzenden zuvermischen. Das Frauenzimmer und die meisten Manns-Personen sind mehr erpicht auf das was angenehm ist, es seye in wol-tournirten Erfindungen, oder in schönen Expressionen, oder in lustigen Einfällen; als auf die solide Schönheit der accuratsten Undersuchungen, oder der tieffsinnigsten Erörterungen. Er hat sich insonderheit als einen grosser Sittenlehrer des weiblichen Geschlechtes erwiesen, welches einen guten Antheil an seinen Wercken hat: Er stehet nicht in der affrontirlichen Meinung daß es uncapabel zum lesen, und von den Büchern nur verderbet wird; als ob die weiblichen Seelen von einer niedrigern Natur, als die männlichen.

Seine Methode, die Morale in fliegenden Blättern nach Art der Gazetten, zudebitiren, hat grosse Vortheile für den Leser, welchen sie stracks in die Materie hineinführt, daß er in einem einzigen Augenblick die Stärcke derselben absiehet; an statt daß er in einem grossen Band durch eine langweilige Vorrede, durch ein Complimenteur Exordium, durch manche Tautologie und Amplification passiren muß, bevor er zu dem Ziel gelanget. Mancher hat nicht Zeit gnug, und manchem mangelt es an Gedult ein grosses Werck zudurchlesen, der doch Curiositet gnug hat, zuwissen, was man über die oder diese Materie vernünfftiges sagen kan.

So bequem nun die Methode ist, und so excellent die Ausfertigung des Originals, welches sich meine Societet zum Modell gesetzet hat, so schwer wird es fallen, daß ihre Schrifften gegen dasselbe gestellt, nicht einen Underscheid mercken lassen. Man trifft selten eine Copie an, die dem Original gleich kömmt. Aber wenn sie in diesem Punct einen Nachtheil hat, so hat sie an einem andern Orte den Vortheil, welchen die allgemeine Curiositet der Neuheit accordirt, indem sie äusserst passionnirt für dieselbe ist. Die Bücher von den Sitten der Menschen in Deutscher Sprache sind rar, und biß dahin in frömden Sprachen verborgen gelegen, und diese Materie ist überaus fähig etwas angenehmes zuverheissen: die Undernehmung ist kühn, groß und wolgemeint, und verdient unter diesem einzigen Nahmen die Beyhilffe aller derjenigen Personen, welchen das Interesse der Deutschen Musen und des Vatterlandes angelegen ist; Die Coterie verspricht sich dahero, daß mancher witzige Mann, der nützliche Observationen von dem Thun und Lassen der Menschen gemachet hat, sich resolviren werde dieselben auf einen halben Bogen zusammenzutragen, und zum Dienst des Publici an den Tag zugeben, wann er den commoden Anlaß es zuthun an der Hand haben wird. Darum hat sie nöthig gefunden dieselbe zuavertiren, daß sie ihre Sachen die sie communiciren wollen, nur an die Autores der Donnerstags-Discoursen abbressieren, und den Ricapito an den Buchdrucker Hrn. Lindinner machen.

Hans Holbein.

Zürich,
Bey Joseph Lindinner,
MDCCXXI.

II. Discours. [Bodmer.]

His amor unus erat – Virg. Æneid. L. IX.

WEnn es gewiß ist, was ein Alter geschrieben hat: der Mensch sey glückseelig, der nur den Schatten eines Freundes besitzt, wie gütig ist das Glück für mich gewesen, welches mir einen wahren Freund geschencket hat? Ich empfinde es, so offt ich nach einer kleinen Entfehrnung Phibias wider sehe. Ich brauche keine Hyperbolen, wenn ich sage, daß mich alsdann bedüncket, ich fange von neuem an zu leben, und komme aus einer dunckeln und gräßlichen Nacht hervor, in der ich seiner Conversation beraubet gewesen. Ich will einige von diesen Zeilen widmen, Euch die underschiedene Situationen zuerzehlen, in welchen ich von Zeit zu Zeit gegen ihn gestanden bin.

Bevor ich einmal Phibias in das Gesicht bekommen, ist die Renommee sorgfältig gewesen, mir viel gutes von ihm zusagen, sie schribe ihm so rare Qualiteten zu, daß ich das vortheilhaffteste Prejudicium von der Welt von ihm fassete. Sie erweckte in mir eine unruhige Begierde ihn zusehen und zusprechen; ich sahe ihn, ich redete mit ihm, ich wurde seiner Meriten gewahr, und ihre Gröffe gebahr eine tieffe Hochachtung [W] bey mir für diese qualificirte Person; diese vermehrete sich, je mehr ich continnirte mit ihm umzugehen, denn ich entdeckete immer neue Qualiteten an ihm, die meine Hochachtung, welche ich auf nichts unwürdiges verschwende, verdieneten. Es muß seyn, daß der Concept, welchen er seines Ortes von mir gefasset, nicht minder vortheilig für mich gewesen, denn er wiese sich nicht minder begierig in meiner Gesellschafft zu seyn, als ich ware in der seinen zuleben; wir gaben uns öfftere Rendes-vous, und vertrauten einander unsere kleine Angelegenheiten. Zur selben Zeit nahmen wir die enge Verwandschafft unserer Temperamenten und Ideen wahr, welche in allen mit einander übereinkommen. Unsere Passionen incliniren auf gleiche Objecte, unsere Humeurs und Caprices vernehmen sich trefflich wol mit einander; Unsere Theologie, Philosophie, Morale, folgen die gleichen Principia, und die Consequentzen die wir darauß herleiten, sind die gleichen. Unsere Disputationen die wir mit einander halten, sind am Ende des Conto lauter Logomachien, und verschwinden, so bald wir Zeit gewonnen haben, uns deutlich zu expliciren. Es scheinet, daß einer des andern Inclination mit Fleiß studirt habe, und sich darnach richte. Als ich dies gute Vernehmen unserer Gemüthern sahe, verwandelte sich was zuvor nur eine Hochachtung gewesen, die wir gegen einander hegeten, bey mir gar geschwinde in eine Wolwollenheit für Phibias, und er ware nicht säumig mir mit einer gleichmässigen zubegegnen; Man kan in der That eine generale Observation machen, daß eine Person, welche Estime für uns hat, niemals ermangeln wird, dieselbe in Affection zuverändern, so bald ihr das Objectum ihrer Hochachtung eine gleiche Inclination wird mercken lassen.

Wenn die Hochachtung groß gewesen, so wird widerum die Benevolentz groß. Die unsere konnte nicht grösser seyn, denn sie ward von der Eigenliebe secondirt, die uns auf eine angenehme Weise kitzelt, wenn wir sehen, daß unsere Neigungen und Opinionen, von einer Person die bey uns den besten Credit hat, mit Approbation aufgenommen werden. Ich bilde mir nicht wenig darauf ein, wenn ich ein Problema das mir Phibias proponirt hat, aufzulösen gewußt. Die gute Meinung die ich zuvor von mir hatte, stärcket sich alsdann, dieweil mir die Concordantz unserer Ideen eine Anzeige gibet, daß ich die Wahrheit getroffen. Es flattirt mir, daß ich mich in ihm ansichtig werde, daß ich mein eigen Temperament und meine eigene Gedancken in den seinigen erkenne, und mich also gleichsam gedoppelt sehe. Das ist nicht Phibias der dieses gethan oder gesagt, ich bin es selber. Thut und saget er doch, was ich wollen thun, und was ich wollen sagen. Gedencket er doch eben dasselbe, was ich auch gedacht habe. Bey dieser reciprocirlichen Ergetzung, die einer aus des andern Commerce kriegete, stiege die Benevolentz auf das höchste, und verdienete zuletzt den schönen [B 2] Nahmen der Freundschafft, den ich ihr jetzo beylege. Ich habe seit derselben Zeit mit Phibias in einer vollkommenen Communication aller Gedancken gelebet, die uns aufgestiegen sind. Alle Anschläge und Projecte die wir gemachet, sind uns gemein gewesen. Er hat Antheil an den meinen genommen, und ich habe mir eine Freude gemachet, die seinen zubeförderen. Ein jeder von uns hat sein Interesse mit des andern seinem vermischet, und keinen Unterscheid darunter gemachet. Es ware als wenn ich mich mit meinem eigenen Hertze berathschlaget, wenn ich mit ihm eine Conferentz gehalten.

In diesen Terminis stehen wir nun heut zu Tag, und das Hertze saget uns beyden, daß nichts als die Schneide des Todes capabel ist, diesen harten Knopff der Freundschafft aufzulösen. Man wird gerne gläuben, daß dieses Freundes=Commercium mit dem äussersten Ergetzen begleitet wird; es ist in der That unendlich. ich will, um euch einen schlechten Begriff davon zumachen, nur dieses sagen, daß wir den Attaques des Schmertzens, welcher ein geschworner Feind der Menschen, desto besser gewachsen sind, weil unser zwey sind, die ihre Kräffte zusammenfügen, denselben zu= vertheilen; und, daß wir an der andern seiten die Freude ge= doppelt geniessen, weil wir nicht allein diejenige besitzen, die unserer Person von der Güte des Himmels mitgetheilet wird, sondern uns auch in dieselbe, welche unserm Freund geschencket wird, nicht minder interessiren.

Sehet da die Historie der Freundschafft die zwischen mir und Phidias gewechselt wird. Wenn mir nun erlaubet wird, andere Freundschafften nach dieser abzumessen, so kan ich diese Definition der Freundschafft heraus zeuhen: die Vereinigung solcher Personen, die ein gleiches Interesse regiert. Ich begreiffe hier nicht nur das Interesse in den Gütern des Glückes, sondern die Communication aller geistlichen und irrdischen Dingen ohne Ausnahme des guten oder des bösen. In der Freundschafft ist alles communicabel, das Reichthum, die Dürfftigkeit, die Hochheit, die Underthänigkeit, die Ehre, die Schande, die Arbeit, die Ruhe, die Vergnügung, die Traurigkeit, das Leben, der Tod. Ich setze, daß die Vereinigung der Interessen nicht dauerhafft seyn kan, wo sie nicht von einer vorhergehenden Hochachtung gestifftet worden, und von einer genauen Aehnlichkeit des Temperamentes und der Ideen soutenirt wird. Nie= mand wird sich resolviren können sein Interesse einer Person zu= vertrauen, die er nicht seiner Hochachtung werth geschätzet, und von der er nicht gnugsame Proben ihrer Capacitet empfangen; Und wo die Naturelle ungleich sind, da gebähren sich auch ungleiche und wiederwärtige Absichten, so bald aber eine Person zum Disinteresse der andern etwas thut, so hat die Freundschafft ein Ende. [B 3]

Es ist rar daß sich zwey Personen finden, die ein gleiches Naturel haben, und ich habe niemahls drey angetroffen, die zusammen Freundschafft gemachet haben. Ich will zwar nicht sagen, daß in dieser Aehnlichkeit von der ich rede, nicht die geringste Disproportion seyn müsse; aber es muß doch keine considerable seyn, und diese muß von einer umgewechselten Complaisance wider gut gemachet werden. Ich erfordere hier die Conduite, welche Horatius in der dritten Satiren des ersten Buches recommandirt hat:

> At Pater ut gnati, sic non debemus amici,
> Si quod sit vitium, non fastidire, &c. &c.

Ich heisse diese Verbindung der Interets Freundschafft, wenn sie zwischen Personen von gleichem Sexe Platz gefunden; wenn sie aber zwischen Leuten von differentem Geschlechte geschlossen worden, nenne ich sie Liebe. In der That ist zwischen Freundschafft und Liebe nicht der kleinste Underscheid. Wenn die Liebe nicht Freundschafft ist, so ist sie schwach und wenig werth. Sie kan nicht dauern als zwischen Personen die ein gleiches Temperament, einen gleichen Sinn, und ein gleiches Interesse haben, und dieses sind eben die Requisita, welche die Freundschafft stifften. Diese Passion, welche öffters mit dem Nahmen der Liebe beehret wird, da Personen von ungleichem Sexe, ohne andere Betrachtungen als der schönen Farbe, der delicaten Haut, der artigen Geberden, ein Commercium aufrichten, verdient eher den Titel einer brutalen Brunst, weil ein solcher Amant sich allein von dem Fleisch commandiren läßt, und einen blinden Folger abgiebt, wohin ihn seine unordentliche Regung verleitet.

Diese Liebe denn, welche ich Freundschafft nenne, setzet sich die Ehe zum Ziel ihrer Wünschen, denn wie sie nach Art der Freundschafft nichts für eigen besitzet, daß sie nicht dem Geliebten Theil davon gebe, so läßt sie sich in der Ehe in eine solche Allianz ein, wo nicht nur die Gemüther Theil haben, sondern wo auch die Leiber, und also der ganze Mensch engagirt wird.

Underdessen weiß ich wol, daß die meisten Ehen die gemachet werden, keine Freundschafften sind. Sie werden von dem Interesse gemachet, aber von dem eigenen Interesse. Man mißt dieses nicht wie in der Freundschafft und wahren Liebe nach dem Interesse des Gegenstandes. Man heurathet nicht einen Freund oder eine Freundin, sondern so viele tausent Thaler, einen solchen Posten, ein Ritter-Gut. In der Freundschafft und wahren Liebe ist alles des einen wie des andern. Man hat da nicht mehr als einen Seckel, und das wäre eine so ungereimte als unnützliche Sache, daß eine Braut dem Liebsten Geschencke gäbe, weil keines dem andern was geben kan, zu dem es nicht zuvor in Krafft des Verlöbnisses recht gehabt. Zwischen Vättern und Kindern kan die Freundschafft nicht statt haben. Der Respect welchen diese den Eltern schuldig sind, ist eine Gattung Furcht, und wird in unserer Sprache mit einem neuen Worte gar wol Erfurcht genannt; Nun kan ich keine vollkommene Vertraulichkeit mit einem haben, den ich fürchten muß. Die Vätter können nicht alle ihre geheime Gedancken den Kindern communiciren, und die Kinder können nicht ohne Ubelstand ihren Elteren Correctionen, Vermahnungen, Lehren, Verweise geben.

Albrecht Dürer.

Zürich,
Bey Joseph Lindinner,
MDCCXXI.

III. Discours. [Bodmer.]

Aut fuit, aut veniet, nihil est præsentis in illa,
Morsque minús pœnæ quám mora mortis habet.
Ovidius.

Die Medici wissen zusagen, daß bey einer grassirenden Cotagion die Furcht welche man vor dem Tode hat, mehr Personen in seine kalten Arme liefert, als die Seuche selbst. Die Furcht beklemmt ihre Brust, sie dehnet die Nerven und Abern mit einer ungestümen Gewalt aus, dieselben werden weich und schwach, und zuletzt eben so unnützlich als die Sehne eines Bogens, der eine lange weile ausgespannet gelegen ist, der Lauff des Blutes hemmet sich, und es verstocket. Ein Recept die Leute von dieser töblichen Furcht zuheilen, wäre demnach das beste Bewahrungs-Mittel und Antidotum für dieses subtile Gifft der Contagion.

Ich bemercke gleich im Anfange, daß die Furcht vor dem Tode nichts anders sagen will, als die Furcht vor demjenigen Zustand, welcher auf den Tod folgen wird, oder auch die Furcht vor den

Schmerken, welche man sich einbildet daß ein Sterbender habe; denn der Tod ist an sich nichts als ein Nahme. Der noch lebet, empfindet ihn noch nicht, und der gestorben ist, hat ihn schon empfunden. Zwischen lebend und gestorben seyn ist kein mittlerer Zustand. [C]

Was nun die Leute anbetrifft, welchen dasjenige Angst machet, was auf den Tod folgen möchte, für dieselben ist nicht mehr als ein einziges Mittel vorhanden, aber ein Mittel das eine so heilsame und sichere Würckung dem der es braucht, thun wird, als die Gefahr dem unvermeidlich ist, der nachläßig ist sich damit zuverwahren. Wenn mir einer sagt, er förchte sich zusterben, thäte ich ihm groß unrecht, wenn ich gedächte, er seye kein Christ, und der seligmachende Glauben an den gekreutzigten HErrn JEsum habe keine Wurtzel in seinem Hertzen gefasset? So er seine Sünden hertzlich beweinte, mit einem kindlichen Vertrauen sich auf seinen Erlöser stützte, und an ihn hielte; und sein zeitliches Leben nach der Vorschrifft des Christenthums einrichtete, wie? würde ihm das andere Leben, welches ihm nicht ausbliebe, und in welches der Tod nichts anders ist als eine Brücke oder ein Steg, nicht vielmehr einen Muth machen, und eine Begierde, die Reise in dasselbe zubeschleunigen? Der Tod machet eine gräßliche Minen allein gegen die ungläubige Verächter GOttes und seiner heiligen Gesetzen, welche billich zaghafft werden, wenn sie bedencken, daß der Tod sie vor den Thron des unpartheyischen und allwissenden Richters führet, dessen Ungnade, die in Ewigkeit die Ungerechten drücket, sie sich mit ihrer Boßheit zugezogen haben. Wer wolte bey der Herannäherung seiner Todes-Stunde nicht zittern und beben, der gleich soll Rechenschafft von seinen Thaten geben, der sich schuldig weiß und keinen Fürsprecher hat: der aber ein Christ, und einen Begriff hat von der Glückseligkeit, die ihm in der Gesellschafft der Engeln und der Heiligen GOttes versprochen ist, der wird den Tod mehr für freundlich als für formidabel ansehen. Das einzige Mittel das ich wieder die Furcht vor der Unglückseligkeit nach dem Tode vorzuschreiben weiß, ist demnach ein Christlicher Wandel auf dem Wege der nur dem Himmel führt, ein stilles Gewissen, die Furcht GOttes. Kurtz: die begierige Zuversicht zu dem Erbarmen des göttlichen Heilandes.

Einige von den Heidnischen Philosophen setzten wider den Schrecken, welchen der Tod den Gemüthern einzujagen gewohnet ist, einen Schluß fest, welcher mich sehr befremdet. Sie raisonnirten auf diese Weise: Nach dem Tod ist entweder die Seele mit sammt dem Cörper gestorben, oder die Seele die von unsterblicher Natur ist, bleibet über. Wenn die Seele auch stirbet, wie der Cörper, so haben wir keine Ursache zuerschrecken, wenn wir sollen sterben, weil wir nach dem Tod nichts mehr empfinden werden, indem wir nicht mehr werden seyn: Wenn aber die Seele unsterblich ist, so ist sie ewig, und folglich glückselig. Sie besonnen sich nicht, daß ein künfftiges Leben eben so wol unglückselig als glückselig seyn kan.

Die Druiden, welche die Orackel unserer Voreltern gewesen, und welche bey ihnen den Crebit gehabt, daß alleine sie Gott und den Himmel kennen, haben bey nahe in dem gleichen Fehler gestanden, massen sie überredet ge= [C 2] wesen, daß die Gestorbenen weder aufhören zuseyn, noch in das Plutonische Reiche der Todten gelangen, sondern daß sie in eine andere Welt kommen, wo sie neue Leiber an sich nehmen. Die einen und die andern haben weit neben das Ziel geschossen. Man hat indessen wahrgenommen, daß diese Opinionen, wiewol sie kein Fondament gehabt, doch vermögend gewesen, ihnen alle Furcht zusterben auszunehmen. Die Philosophi hatten eine grosse Gleichgültigkeit für den Tod, und die Völcker von Norden, welche von den Druiden unterrichtet gewesen, hielten ihn nicht nur für gleichgültig, sondern sie stürtzten sich mit Freuden darein, und waren willig ein Leben aufzuopfferen, das sie an einem andern Orte wieder bekommen solten. Wie viel bequemer wird nun die Christliche Religion seyn, den Tod beliebt zumachen, welche Grund und Gewißheit hat, ein anders und glückseligers Leben zuverheissen?

Es kan indessen geschehen, daß auch eine fromme Person die GOtt ehret, und der der Sohn GOttes gewogen ist, den Tod fürchtet; aber diese gehöret in die Classe derer, welche nach der Anmerckung die ich gemachet habe, alleine Furcht vor dem Leiden haben, welches sie vermeinen, daß es dem Tod vorgehe. Das Bezeigen anderer Leute die wir sterbend gesehen haben, oder auch eine blosse Erzehlung die man uns davon gemachet hat, kan unsere Einbildung dermassen einnehmen, daß wir etwas übel befahren, welches wir doch nicht recht kennen, welches wir nur von der Ferne gesehen haben, und welches uns gar nicht erschrecken würde, wenn wir es in der Nähe zuschauen bekämen. Unsere Einbildung ist nicht gewohnet zuraisonniren, oder auf den precisen Werth einer Sache zusehen, sie läßt sich von dem Schein regiren, und sie selbst tyrannisirt die Vernunfft; Also kan leicht begegnen, wenn einer bey dem letzten Ende einer Person gewesen, die bey ihrem verletzten Gewissen geächzet, geschrien, gebebet, sich ohne Ruhe herum gewelßet, die mit den stärckſten Expreſſionen, mit den wehemüthigſten Geberden die Gröſſe ihrer innerlichen Angſt angezeiget hat; Es kan leicht geſchehen, daß einer der es geſehen, oder allein aus der Erzehlung weiß, ſich eingebildet hat, die Schmertzen und das Leiden des Cörpers haben dieſe traurigen Wirckungen gethan, welche eigentlich die vor den Augen gehabte Häßlichkeit ſeines geführten Wandels, und das vorſchwebende Gericht bey dem Sterbenden erreget hat. Er bildet ſich den Tod für als den unbarmherßigſten Hencker, der mit den empfindlichſten Peinigungs=Inſtrumenten das Leben abſchneidet; daneben iſt das ſeltſame Ceremoniel, das mit dem Krancken fürgenommen wird, ich will ſagen, der melancholiſche Anblick der Medicament=Büchſen, der Pulvern, der Pillen, der übelriechenden Waſſern, und alles dieſes Patienten=Geräthes, womit die Krancken=Stube beſetzet iſt, mehr als fähig die Phantaſey irre zumachen. [C 3]

Eine ſolche verderbte Einbildung zuheilen, recommendire ich, daß man dem Tod ſolcher Leuten aſſiſtire, welche Chriſtlich gelebet haben; Ein Menſch der ein Chriſt iſt, der ein Freund ſeines GOttes, der ſein Geſetze für ſeine Regel hält, der in dem Glauben an den HErrn JEſum das ihm bereitete ewig=glückſelige Leben erwartend iſt, kömmt das Ziel ſeiner Tagen, muß er die Erde verlaſſen, ſo ſteiget keine trübe Wolcke auf in ſeinem Gemüthe, der Abend ſeines Lebens iſt ſo klar und ſchön, wie deſſelben Morgen und Tag geweſen. Er hat ein ſtilles und geruhiges Leben geführt, ſein Ende iſt ſtill und geruhig. Die Freude iſt an ſeine Stirne gemahlet. Es iſt niemand in der Kammer, dem nicht die Thränen häuffig aus den Augen flieſſen, er allein hat ein lachendes Angeſicht.

> Seht wie ihn der Tod bedräut,
> Aber ſelbſt beginnt zu zittern!
> Denn er zeigt ihm lächlend an,
> Daß, der die Natur erſchüttern,
> Seinen Schlaff kaum hindern kan.
> Canitz.

Er bettet, er unberredet ſich vertraulich mit dem Brunnquell des Lebens. Er iſt gewiß, daß er nach dem Tode leben wird; das iſt was ihn freudig machet, das iſt das einzige das ihm ſeine Zeitlichkeit ſüß gemachet hatte, und wohin alle ſeine Wünſche gegangen waren. Jetz erwieget er in ſeinem Kopff die gewiſſe Gnade des ewigen Weſens, in der er ſich durch den Glauben feſt geſetzet hat, er ſiehet von weitem den glückſeligen Port glänßen, in den ihn der

Tod einführen wird, er genießt in der Hoffnung die Gesellschafft der Engeln; kan es anderst geschehen, als daß der Tod eines Menschen, der so freudig, unerschrocken und gelassen stirbt, wie der den ich hier beschrieben, denjenigen die ihm zusehen werden, eine gleiche Verachtung des Todes, und eben die Indifferentz für denselben eindrücken werde? Aber ich verstehe nur diejenige, die selber wie gläubige Christen gelebt haben.

Im übrigen ist überall nicht wahr, daß diejenige Schmertzen, welche in den Tod versencken, ungestümer seyen als andere, die wir schon in Kranckheiten ausgestanden haben, von welchen wir uns wieder erholet. Es giebet vielmehr eine Anzeige, daß sie geringer seyn müssen, weil ihnen in einem schon abgematteten und schwachen Leib weniger Wiederstand gemachet wird; derselbe weichet und giebet den Schmertzen nach, er hat den grösten Theil der Empfindung verlohren. Auch kan dieser Augenblick, da die Seele nach dem letzten Athem schnappet, kein Leiden oder Schmertzen mit sich führen, weil er zu wenig dauret. Er ist so kurtz und so nahe dem Tod, daß er uns keine Empfindung läßt; wir haben Zeit vonnöthen etwas zu empfinden.

Es ist nichts das dem Tod so ähnlich sehe, als eine Ohnmacht, man lasse sich nur diejenigen welche aus einer solchen wiederkommen, sagen, oder, dem selbst dergleichen Zufall begegnet, besinne sich wie es ihm zur selben Zeit zu Muth gewesen. Ich bin niemals von dergleichen überfallen worden, aber so viele Personen ich bißfalls befraget, haben mir erzehlet, daß sie in einer überaus saufften und geruhigen Situation gestanden haben, in welcher sie sich weder um sich noch um andere Leute bekümmert; daß sie in einer grossen Blödigkeit gelegen seyen, welche aber von keinem Schmertzen begleitet wäre gewesen.

Wenn ich mit dem allem setzte, daß die Schmerzen in dem Tod empfindlicher seyen, als bey andern Kranckheiten, ja wenn ich über das zugäbe, daß der Schmertz, er seye wie er will, das gröste Übel in der Natur seye, so sind ja Mittel zur Hande ihn wo nicht zu verjagen, zum wenigsten zuerleichtern. Das kan geschehen, wenn man bey der grösten Marter das Gemüthe und die Vernunfft gesund behält, und sich mit Glauben, Frömmigkeit, Dapfferkeit, Beständigkeit, und Großmüthigkeit bewehrt. Was uns so unwirsch machet den Schmertzen zuerdulden, ist, daß wir nicht gewohnet sind unser grösstes Ergetzen in den Kräfften der Seele zusuchen, und daß wir den Verheissungen GOttes, von welchen unsere Zufriedenheit und unser Mißvergnügen henget, allzu wenig glauben zustellen. Allein das ist eine Materie, welche capabel ist Gedancken für mehr als ein so kleines Blatt an die Hande zugeben. Anjetzo will ich nur noch dieses berühren; wenn der Schmertz ungestüm ist, so ist er kurtz, und wenn er lange anhält, so ist er klein. Er kan nicht allzu strenge seyn, ohne daß er sich oder der Person die er angegriffen hat ein Ende mache.

Raphael von Urbin.

Zürich,
Bey Joseph Lindinner, MDCCXXI.

IV. Discours. [Breitinger.]

Nam veræ voces tum demum pectore ab imo
Ejiciuntur, & eripitur persona, manet res.
Lucr. Libr. VIII. 57.

Seit dem ich bemercket habe, daß die Betrachtung des Todes ein überaus kräfftiges Mittel ist, welches die Morale vorschreibet, die Feinde unserer wahren Gemüthes-Ruhe, die irregularen und ungestümen Triebe unsers Hertzens flüchtig zumachen; so bin ich äusserst geneigt, mein Gemüthe mit dieser Betrachtung des Todes zuunterhalten. Ich lasse keinen Anlaß verscheinen, der meine ausschweiffende Gedancken in die Enge zusammentreiben, und auf diesen Mittelpunct meiner Speculationen fixieren kan. Ich schöpffe das gröste Plaisir aus dem vertrauten Umgang mit meinem werthen Freunde Hippocrates, dem berühmtsten Medico unsrer Stadt, der durch vortreffliche Proben seiner Erfahrenheit, sich in dem Schweitzerland über andre aus hervorgethan, und sich einen ungemeinen Credit erworben hat; so offt es sich füget, daß ich ihm eine Visite gebe, oder daß er mir die Ehre seiner Gegenwart gönnet, ist er fertig mich über diesem Capitul zuerbauen, er machet mir eine weitläufftige [D] Beschreibung von allen den Circumstantzen, die den Tod derjenigen Personen, denen er beygestanden hat, merckwürdig machen: Vernehme ich eine Zeitung von dem Hinscheid eines meiner

Mitbürgern, so bin ich curieux, mich über der Manier seines Todes, über seinen letzten Handlungen und Reden näher informieren zu lassen. Diese Curiosität hat mich bey manchem, der nicht so viel Witz hatte, meine Intention zuerrathen, in den Ruff eines capricieusen und wunderlichen Kopffes gesetzet. Ich habe demnach dieses Blat geordnet, die Leute von diesem irrigen Wahne zu befreyen, und sie zulehren: Daß die letzte Verrichtungen eines Menschen, unpartheyische Richter seyen, von seinem geführten Leben.

Ich setze voraus, daß der Mensch in seinem gantzen Leben sich niemals bloß giebet, wie er von Natur beschaffen ist

— — — Das kluge Thier getraut ihm selber nicht,
Sein eigner Dacht verglimmt, er folgt ein frembdes Licht.

Canitz.

Er verbirget die Intentionen, den Zweck und die Absichten seiner Projecten, seiner Undernehmungen, und seiner äusserlichen Actionen; Er weiß sich zuverstellen.

Wenn wir auf den Ursprung der Verstellung gehen wollen, so wird es sich finden, daß dieselbe von der Societet, in der wir stehen, gestifftet werde: Man betrachte nur die unermeßliche Weite und Grade, welche die Personen, die diese Societet ausmachen, von einander underscheiden: Welche Verschiedenheit der Temperamenten, der Capricen, der Schwäche und Stärcke? Man bilde sich für, daß diese Ungleichheit eben dasjenige Band ist, welches so unzehlbare Menschen in eine Gesellschafft eingeschlossen, und je des einen Wolseyn an die Hilffe eines andern gebunden hat: So wird man ohne Mühe gewahr werden, daß diese Dependentz die eintzige Quell aller Verstellungen seye. Der Mensch siehet dieselbe für nützlich an, weil ihn die tägliche Erfahrung überführet, daß er ohne der andern Hilffe unmöglich bey Leben bleiben kan; Dieses machet ihn sorgfältig, die Gewogenheit seiner Mitgliedern zuverdienen, er läßt es sich sauer werden ihnen einen favorablen Begriff von seinen Verdiensten beyzubringen; im fall es ihm an solchen fehlet, und ihn sein Temperament von den Gesetzen abführet, welche die Societet aufgerichtet hat, so wird er genöthiget, seine Schalckheit hinder die Masque der Verstellung zuverstecken, und wenigstens nach dem Schein den Gesetzen der Societet sich gehorsam zustellen; Er suchet zu dem Ende hin entweder seinen Thaten eine duncklе Nacht, oder er verdecket seinen Sinn und sein Hertze, oder er befleisset sich mit dem Mund andern die Tugend vorzuleugen. Wie? wäre es wohl möglich, daß so viele Millionen Menschen, von denen ein jeder von seinen Passionen auf eine besondere Weise getrieben wird, eine Societet ausmachen, das ist, sich nach gleichen Reguln und Gesetzen einrichten sollten, wenn [D 2] man die Verstellungen aufheben könnte? Diesemnach wäre auch der blosse Nahme der Verstellung unbekannt, wenn die Menschen ausser der Societet lebten; sie wären dannzumal frey von der Furcht, die Gewogenheit andrer, die sie glückselig machen kan, zu verschertzen; alle ihre Thaten wären so viele unpartheyische Zeugen ihrer Complexion, es kostete nicht die geringste Mühe, die Absichten und den Zweck derselben durchzubringen; das Hertze stunde bloß, das ietzund so listig ist, die Schalckheit zuverhehlen.

Wenn ich nun den Menschen auf seinem Sterb=Bette betrachte, in der Zeit, da er in beständigen Sorgen lebt, das Band, welches Leib und Geist zusammen hält, werde zerspringen; so deucht es mich, ich sehe ihn, in einer gleichen Situation stehen, in der er ausser der Societet gestanden hätte: Dannzumal wird der Vorhang allgemach weggeschoben, der Mensch kommet wie zu sich selber, der zuvor eine fremde Person gespielet: Auf der einen Seite siehet er die Welt, die er jetz verlassen soll; und die andere weiset ihm die unermeßliche Ewigkeit, die ihm alles Commerce mit den Sterblichen abschneidet: Die Furcht, welche ihn in so viele tausent Formen verstellet hat, verschwindet, weil die Knechtschafft, in der er die Zeit seines Lebens gestanden hat, aufhöret; und ihm die Menschen in zukunfft so wenig Nutzen als Schaden bringen können: Er redet wie es ihm um das Hertze ist, seine Worte sind von besonderm Nachdruck, und aufrichtige Copisten seiner Gedancken; die Vernunfft beginnet sich der alten Freyheit und des Rechtens, welches die Natur ihr mitgetheilet hat, zubedienen, indem die Seele sich von dem groben Kloß des Cörpers loßwindet: Das Gewissen, der Verräther unsers Thuns und Lassens führet uns vermittelst des Gedächtnisses zurück, bis auf die frühen Jahre unserer Existentz, es durchgehet alle unsere Verrichtungen nach den strengen Gesetzen der Gerechtigkeit, und fället von uns einen unbestochenen Urtheil=Spruch. Sehe ich einen Menschen in dieser Situation begriffen, so kan ich gewiß seyn, daß seine Reden und Geberden von der Natur und der Wahrheit regiert werden. Ich halte den letzten Tag eines Menschen vor den Bemerckens= würdigsten von seinem gantzen Leben, weil er den Menschen in seiner ungeschminckten und natürlichen Einfalt weiset, und uns gewisse Reguln an die Hande giebet, nach denen wir die vorgehende Jahre abmessen können.

Ich habe schon öffters wahrgenommen, daß diejenigen ein fröliches Ende machen, welche die göttlichen und menschlichen Lebens-Reguln in der That vollstreckt haben: daß ins Gegentheil Leute, die solche Principia aus der Acht gelassen, in deren Authentie und Wahrheit sie doch keinen Zweiffel setzen, diesen Schritt, der das Gegenwertige von dem Zukünfftigen söndert, mit grosser Furcht, Angst und Beben thun. Ich habe endlich auch angemerckt, daß die Feinde, [D 3] der Religion meistens einen verzweiffelten Abscheid nehmen. Die Ursachen dieser Verschiedenheit können aus dem, was ich oben angebracht habe, hergeleitet werden.

Ich werde versuchen, ob ich meinen Begriffen durch einiche Exempel ein mehrers Gewicht geben könne. Die letzten Worte des Keysers Juliani: Vicisti Nazarene, sind der Schlüssel zu seiner gantzen Historie; sie entdecken uns nicht allein sein boßhafftes Gemüthe, sondern sie lassen uns auch ermessen, wie weit er seiner Autoritet und seiner Kayserlichen Gewalt werde mißbraucht haben. Wenn ich diejenigen Complimente lese, welche der Doctor Rabelais, einem bekannten Graffen, der sich durch seinen Diener von seinem Zustand informieren lassen, auf seinem Tod-Bette gemachet hat, so dienen sie mir an Statt eines Commentarii über seine Schrifften, si decken mir die eigentliche Intention derselben auf. Er sagte: Je m'en vais chercher un grand peut-être. Ton Seigneur a une grande charge: Dis luy, qu'il s'y tienne: Et tu ne seras jamais qu'un fou. Tire les rideaux. La farce est jouée. Jener S** letzte mit eben so nachdrücklichen als leichtsinnigen Worten ab, da er auf seinem Landgut von dem Tod überfallen worden, er wiese seinen Geist mit dem Schnupfftuch nach Schaffhausen: Va t'en, sagte er, mon ame à Schaffhousen. Nicht weniger merckwürdig sind die letzten Reden eines frommen Predicanten von Zürch, des sel. Herrn *** welcher auf Befragen, wie er sich befinde, replicirt hat: Wenn ich singen möchte, so wollte ich singen. Ich gebe anzumercken bey diesem und unzehlich andern Exempeln, daß die letzten Reden eines Menschen kurtz, begrifflich, nachdrücklich, und aus dem innersten seines Hertzens hergeholet seyn. Sie sind eben dasjenige, was die Devisen unsern Discoursen. Die Welt ist ein grosser Schau-Platz voll vermasquerirter Personen, keiner kan den andern kennen, bevor ihm die Masque weggenommen wird. Der Tod allein zeiget den wahren Underscheid zwischen diesen Personen; von ihm allein giltet das bekannte Sprichwort: Wenn das Ende gut ist, so ist alles gut. Darum pretendire ich, daß es eben so schwer falle, von einem

Menschen ein reiffes Urtheil zufällen, bevor man ihn gesehen hat die letzte Rollen spielen; so schwer es ist, von der Güte einer Comedie zuurtheilen, ehe die letzte Handlung ist auf dem Theater vorgestellet worden. Die Leute, welche aus den äusserlichen Geberden und Worten eines Menschen auf seine inwendige Beschaffenheit schliessen wollen, handeln nicht vernünfftiger, als wenn einer von der Schönheit eines Comedianten aus seiner Masque urtheilen wollte. Seneca hat über diesen Puncte wol raisonnirt, in seinem 24. Brieffe. Er sagt: Ich sehe meinen letzten Tag, den Richter meiner hingelegten Jahren, der unverwerffliche Proben meiner geführten Conduite geben wird, gleichsam gegenwärtig. Ich spreche zu mir selbsten: Die Thaten, die ich bishero gewircket, und die Worte die ich verlohren habe, sind viel zu schwach und zu betrieglich, als daß sie von der Beschaffenheit meines Gemüthes ein wahres Zeugniß ablegen sollten; die Thaten waren nichts anders weder eine bezauberende Verblendung, und die Worte affectirte Flatterien; der Tod ist allein der gerechte Richter meines innerlichen Zustandes, für den ich appellire. Diesen erwarte ich mit einem ruhigen Gewissen, weil er mich mir selbsten bekannt machen wird, er wird mich in die Schule führen, worinne ich mich selbsten stubiren muß; er wird mich lehren, ob die Worte, die ich ausgesprochen habe nur ab der Zungen, oder aber aus dem Herzen geflossen; die Rodomontade wird er von dem Wahrhafften söndern, die Masque wird er mir ausziehen, und meiner Verstellung ein Ende machen. Kitzle dich nicht selbst mit der Reputation, in der du bey andern Leuten stehest, zumalen dieselbe meistens unbegründet und zertheilet ist. Schlage alles, was du die Tage deines Lebens mit saurer Mühe gelernet hast, aus dem Sinn; der Tod wird ein Urtheil über dich sprechen, das dich nicht betriegen kan. Ich halte, das raisonniren, die gelehrte Discourse, die Philosophische Sententzen seyen nichts weniger, als Zeugen eines großmüthigen Hertzens, weil auch der feigste Kerl den Stylum eines Hertzhafften führet: Aber bannzumalen wird es an das Licht kommen, wie du in dem Grund beschaffen gewesen, wann die Seele allbereit ihre Freyheit fühlet, und den leiblichen Sinnen beginnet zu wiederstehen, denen sie bis dahin gedienet hat.

Hannibal Carrache.

Zürich, bey Joseph Lindinner, MDCCXXI.

V. Discours. [Bodmer.]

— — Rusticorum mascula militum
Proles — — — Hor. Lib. 3, Od. 6.

Ich bin gewohnet die Historicos in drey Classen zuvertheilen. Ich nenne die von der ersten Copisten; in der andern stehen die Critici, und die von der dritten sind Originale.

Die von der ersten Classe tragen alles auf einen Hauffen was zu ihrer Kenntnis kömmt, sie schreiben auf Treu und Glauben alles ein, ohne Underscheid und Undersuchung. Sie fassen die underschiedene Reden und Berichte auf, die gegangen sind. Wenn es kömmt, daß eine die andere umstößt, so zeigen sie es an und corrigieren sich. Sie copiren die Zeitungen, die Zeit=Kalender, die Tage=Register, die Manifeste, die Mandate, ohne Veränderung, sie gehen ihnen auf dem Fusse nach, und machen keinen Schritt ohne einen Vorgänger. Es wächst ihnen nichts eigenes das sie einmischen können, sie recommandiren sich allein mit ihrer Sorgfältigkeit und mit ihrem Fleisse. Sie überlassen andern die Beurtheilung der Sachen, die sie auf die Bahne gebracht haben, und die Underscheidung des wahren und gewissen von dem falschen. Die Requisita von einem solchen Historico sind diese, daß er könne lesen und schreiben, daß er gerne sitze, daß er neubegierig seye. [E] Von dieser Art sind die Compi= latores des Europeischen Theaters, und die meisten von den Chronick= Schreibern des Schweitzerlandes.

Die Critischen Historici, welche ich in die zweyte Classe rangirt habe, sind solche, welche über der rohen und ungestalten Materie der Copisten arbeiten. Sie brauchen ihren Verstand und ihren Witz dasjenige auszulesen, was werth ist daß mans auf die Nachwelt bringe; und die Wahrheit unter zwey Erzehlungen die wieder einander lauffen, zuentdecken. Sie betrachten die Handlungen und die Reden welche der Registrator aufgeschrieben hat, sie meditiren darüber, und formiren also den Begriff von dem Humor und der Politique eines Volckes oder einer Person. Es kan nichts nützlichers seyn als die Historie eines solchen Critici, wenn er einen guten Verstand hat; und nichts ist der Wahrheit nachtheiliger als die Arbeit eines Historici der sich einmischet vorüber zucritisiren, und der weisses und schwartzes nicht zuunderscheiden weiß.

Die dritte Classe von Historicis wird von denjenigen gemachet,

welche an den Begebenheiten die sie erzehlen, selbst Antheil gehabt
haben, es seye daß sie eine Haupt=Person gespielet, oder daß sie mit
derselben interessirt gewesen. Ich verlange, daß sie zum wenigsten,
wenn sie nicht selbst Hande in dem Geschäfft gehabt haben, andere
von gleichmässiger Sorte geführt haben. Diese bringen nichts auf
das Pappier, was sie nicht in eigener Person belebet, gesehen, tractirt
und eigentlich recognoscirt haben. Es ist ohne zweifel verwegen
gehandelt, daß einer der unter dem Schutze des publiquen Friedens,
und in dem Schatten seines Hauses auferzogen worden und gelebt
hat, die Anordnung und die Ausführung einer Feldschlacht beschreibe,
oder daß sich ein Republicaner, der in seiner Werckstatt alt geworden,
in die Jntriguen eines benachbarten Printzen mische. Man hat an
Grotius, diesem Mann, der in die verborgenste Ursachen seines
Krieges penetrirt hatte, der die Natur der Spanischen Regierung,
und die Disposition, in der Flandern gestanden, ausgeforschet hatte,
der den wahren Genie dieser Nationen eingesehen hatte, der die
eigentliche Caracteren der Städten, und der vornemsten Herren ge=
troffen hatte, der Quellen gefunden hatte, welche Straben und dem
Cardinal Bentivoglio unbekannt gewesen, man hat an ihm auszusetzen
gefunden, daß er stecken bliebe, so bald er von den Bewegungen
der Armeen hat müssen reden, eine Belägerung erzehlen, oder auf
die Beschreibung einer Schlacht kommen. Die principale Qualitet der
Historicorum von dieser Original=Classe ist diese, daß sie durch eigene
Erfahrenheit ihren gesunden Witz in dem Articul, den sie zur Ma=
terie ihrer Historie genommen haben, geschärffet und gereiniget haben.

  Der Original=Historicus kan mir keine grössere Idee von seiner
Capacitet erwecken, als mit denen Caracteren, welche er von einem
Volck oder von einer Person machet, die in seiner Historie einen
Platz verdienet haben; wenn sie wol entdecket und abgemessen sind.
Ich nenne Caracteren diese subtilen und ordenliche Beschreibungen
aller derjenigen Qualiteten, durch welche sich eine gantze [E 2] Nation
oder eine Person underscheidet. Der Critische Historicus kan zwar
auch dergleichen Caracteren machen, alleine, weil er sie aus gewissen
Handlungen und Reden, die er bloß durch die Tradition von seinen
Historischen Copisten vernommen hat, zusammenlesen muß, so sind
sie der Ungewißheit und Unvollkommenheit sehr underworffen; da
hingegen ein Historicus der seinen Mann vor sich siehet, die Ge=
legenheit hat, ihn vom Fuß bis zum Haupte zubetrachten, und
zuspioniren was er in dem innersten führt. Unsere Historici haben
diesen Theil der Historie, ich verstehe die Caracteren, so weit hindan=

gesetzet, als sorgfältig und unermüdet die Römischen und Griechischen gewesen sind, gute und eintreffende zumachen. Indessen ist gewiß, daß ein Leser mehr Vortheil davon ziehen kan, als öffters aus einer gantzen Chronick. Ich bin geneigt, mich in eine Ausführung dieses Satzes einzulassen, weil ich hoffen darff, daß meine Erinnerungen einen glücklichen Einfluß über die heutige Historie meines Vatterlandes können haben.

Die Eigenschafft der Caracteren ist, daß sie die Differentzen, so sie bey einem Subjecte antreffen, aufsuchen, und auf eine geschickte Weise bemercken. Weil nun diese Differentzen sich meistentheils in der Complexion ereignen, so müssen folglich die Caracteren von allen Affecten Rechenschafft geben, die eine Person unterscheiden, und zugleich die Tugenden und Laster marquiren, zu welchen ein solcher Affect verleitet; denn die Tugenden und Laster sind Wirckungen der Gemüths=Bewegungen, die tugendhaffte Affecte [E 3] gebähren tugendhaffte Handlungen, die lasterhaffte, auch lasterhaffte Handlungen; Wenn wir demnach aus den Caracteren diese Affecte gelehrnet kennen, so jemand in Bewegung bringen, so können wir ohne Mühe alle diejenige Handlungen heimweisen, welche die Person, so wir davon getrieben wissen, kan ausüben. Unser Geist bringet alsobald in die Verrichtungen der caracterisirten Person, und stellt sie der Einbildung auf eine klare Weise für; Gleich wie es geschicht, daß wir die Geschicklichkeit eines Uhrwercks leicht begreiffen, wenn wir seine Räder kennen und vor den Augen haben. Ich will meine Meinung mit einem Exempel klärer machen.

Der Römische Sallustius, ein grosser Meister in dem Punct der Caracteren, machet in dem Anfang seiner Historie von Catilinens Zusammenverschwöerung den folgenden Caractere von diesem Feind seines Vatterlandes: „L. Catilina ein Römer von Adel, besaß eine" grosse Geschicklichkeit des Leibes, und einen vortrefflichen Verstand," aber seine Passionen waren gantz lasterhafft und verderbt. Die" Uneinigkeit in der Republique und der Bürgerliche Krieg waren" seine Freude, das Metzelen und die Rauberey waren das Hand=" werck, das er von Jugend auf getrieben. Er ware gewöhnet, die" grösten Fatiguen von der Hitze und Kälte auszustehen. Die Müdig=" keit gewonne ihm nichts an, und es ist unglaublich, wie lang er" ohne Schlaffe bleiben konnte. Catilina ware verwegen, verschlagen," er wuste sich in alle Formen zuverstellen, wie es ihm gelegen ware." Er ware wie ein Falck darauf, sich von anderer Leuten Gut zu=" bereichern; mit dem seinen gieng er verschwenderisch um. Seine"

„Begirden waren hitzig; seine Reden ausgeklaubet, aber nicht philo=
„sophisch. Sein hoher Geist konnte sich in keine Schrancken fassen,
„er formirte lauter schwere und und ungemessene Unternehmungen,
„die capabel waren die Verwunderung zuerwecken."

Wenn wir diesen Caracteren mit Aufmercksamkeit betrachten,
so haben wir darinnen den Schlüssel zu allen den Unbernehmungen,
die Catilina angefangen hat, und die in dem ganzen Verfolge der
Historie gemeldet werden.

Er ist lasterhafft und verderbt: Sehet da einen Mann,
den ihr zubefahren habet, er führet die Boßheit im Schilde. Sein
hoher Geist konnte sich in keine Schrancken fassen. Er
machete lauter schwere und ungemessene Unternehmungen.
Diese Worte bereiten euch zu einem grossen Vornehmen, und wenn
ihr darbey diese andere nehmet: Die Uneinigkeit in der Re=
publique, der Bürgerliche Krieg waren seine Freude;
das Metzlen und die Rauberey das Handwerck, das er
von Jugend auf getrieben; so kan es euch ahnen, daß dies
Vornehmen blutig seyn wird, denn ihr sehet, daß Catilina sich von
dem Jammer der Menschen einen Zeitvertreib machet, und mit
trockenen und grausamen Augen anschauet wovon andern Leuten die
Haare gen Berge stehen; die Wittwen und Waysen, die er ihrer
Vättern und Männern beraubet hat, bewegen ihn nicht; er ist un=
empfindlich bey der Klage einer Familie der er ihre Erben getödet
hat; er weidet sich an dem Tod zweyer Brüdern die einander er=
stochen haben. Ihr könnet nichts anders von ihm erwarten als ein
Project wieder den Staat, Catilinens Blutgierigkeit und sein Geist
der sich nicht kan in die Schrancken fassen, autorisiren euch dazu.
Aber wenn ihr weiters seinen andern Qualiteten nachsinnen wollet,
so werdet ihr zuvorsehen, daß er seine entworffene Projecte in Execution
stellen wird, es koste was es will; seine Begirden sind hitzig,
er ist verwegen. Ihr werdet euch so gar gleich fürbilden, wie
er es angreiffen werde, er hat Verstand, er ist verschlagen, er
weiß sich in alle Formen zuverstellen, er ist verschwenderisch,
seine Worte sind ausgeklaubet; dies will sagen, daß er seine
Desseins mit Behutsamkeit angreiffen wird, daß er sich auf alle
Manieren in die Gemüther einschmeicheln wird, daß er die einen
mit schönen Worten und Versprechungen, die andern mit Gaben
auf seine Parthey locken wird. Es ist kein Zweifel, daß er sich
durch dieses Verfahren eine grosse Faction wird machen, und nahe
zu seinem Absehen treffen.

Ich glaube daß dies einßige Exempel capabel seyn werde, den
Nußen welchen die Caracteren in der Historie haben, bekannt zu=
machen, nachdem ich gewiesen habe, wie viel sie zum Verstande der=
selben beytragen. Ich will diesen Discours mit einem Caractere
beschliessen, welchen ich von dem Genie dieses Volckes, das den Anfang
zu dem Helvetischen Verbündniß gemachet hat, in Qualitet eines
Critischen Historici zusammengetragen habe; Er wird einen neuen
Beweiß von der Nothwendigkeit der Caracteren geben, weil ich nicht
zweiffle, daß daraus viele Puncten unserer Historie werden ver=
nehmlicher werden.

„Ein weiter Bezirck von den höhesten Bergen formirt und um="
schliesset ein enges Thal, welches mit steilen Felsen, wilden Wald="
ströhmen, grossen Seen, dunckeln Hölen angefüllet ist, das frucht="
barste so hier anzutreffen, sind die Graßreiche Weidgänge, die es"
auf der Höhe der Alpen hat; das Volck welches seine Hütten an"
dem Fuß derselben gepflanßet, lebet von der Milch, dem Käse und"
der Butter, so es von dem Viehe zeuhet, das seine Speise in dem"
Gebirge findet. Bey dieser Nahrung bekömmt es starcke Knochen"
und unberseßte Gliedmassen, es gewöhnet seinen Leib in die Kälte"
und zu allen Fatiguen. Seine Worte sind grob, aber wolgemeint;"
sein Gemüth ist ehrlich, ohne ungehaltene Begierde des Lobes;"
großmüthig ohne Pracht. Die Zärtlichkeit, die Uppigkeit sind ihm"
unbekannte Laster; es lebet ohne den Gebrauch der kostbaren"
Metallen. Es liebet die Ruhe, und erzörnet sich nicht, wenn es"
nicht gereißet wird; es ist geneigt einem gütigen Herrn gehorsam"
zuseyn, aber es ist ein geschworner Feind der Tyrannie; es fängt"
nicht leicht Kriege an, und es ist geschwind Friede zumachen; es"
gehet nur defensive„; es dienet allein zu Fuß; seine Dapfferkeit"
bestehet in einer Stärcke; seine Wissenschafft ist in den Trieb der"
Natur und die Saßungen der Vorfahren eingeschlossen.

Albrecht Dürer.

Zürich, bey Joseph Lindinner, MDCCXXI.

VI. Discours. [Bodmer.]

At varios linguæ sonitus natura subegis
Mittere; & utilitas expressit nomina rerum;
Non aliâ longè ratione, atque ipsa videtur
Protrahere ad gestum pueros infantia linguæ,
Cum facit, ut digito, quae sint præsentia, monstrent.
Lucret. Lib. V. v. 1027.

Die Menschen haben von der Natur gewisse Instrumente empfangen, mit welchen sie eine Stimme von sich geben, und andere, mit welchen sie diese Stimme vielfaltig verändern können, oder modificiren. Der auf diese Veränderungen oder Modificationen der Stimme Achtung gibet, wird finden, daß derselben etwann vier und zwantzig sind. Diese nennen sich Buchstaben, und wiewol ihre Zahl so klein ist, so kan doch durch derselben underschiebliche Vermischungen und Zusammenfügungen eine erstaunliche Menge von Thönen gemachet werden, welche alle von einander unterscheiden sind. Die Vereinigung zweyer oder mehr Buchstaben heißt eine Syllbe. Eine Syllbe, oder die Zusammenkunfft zweyer und mehr Syllben, machet ein Worte; also daß ein Wort nichts anders ist als eine Versammlung von allerhand Thönen der Stimme. Der Nutzen, welchen die Menschen von diesen Instrumenten zeuhen, mit welchen sie so unendlich viele Thöne oder Syllben und Wörter machen können, ist so beschaffen, [F] daß ohne ihre Hilffe keine Societet bestehen könnte, weil sie Mittel sind, daß ein Gemüth dem andern klare und deutliche Nachrichten von allem demjenigen geben kan, was es wahrnimmt, was es urtheilet und was es schliesset. Wenn die Organa, oder die Instrumente unserer Sinnen gesund und in gutem Stande sind, so fallen tausenterley Sachen in dieselben, von welchen unsere Machine umschlossen ist; So bald denn eine Sache in die Sinne kommen ist, nimmt das Gemüth dieselbe wahr, und formirt sich einen Begriff davon. Die auf dasjenige acht geben, was in dem Gemüthe geschicht, werden bemercken, daß sie selten eine Sache wahrnehmen, ohne daß sie bey sich selbst von derselben einen Schluß fest setzen, was sie seye, und was sie nicht seye, das ist, sie fassen ein Urtheil ab. Wenn sie denn einen Schluß gefunden haben der unzweifelhafftig ist, so machen sie aus demselben Folgen auf die Wahrheit oder Falschheit anderer Schlüssen, die ungewiß sind, und in

Zweiffel gezogen werden. Sie halten einen Schluß gegen einen andern, und verknüpffen oder unberscheiden dieselben. Die Menschen nehmen nun von dem unendlichen Hauffen der Wörter welche sie capabel sind zumachen, so viele als sie nöthig haben, alle diese Geschäffte des Gemüths auszubrücken, die Wahrnehmung, die Beurtheilung und die Verknüpffung der Schlußreden. An den ersten Theil der Wörtern binden sie die Begriffe von denen Sachen, welche sie durch die Hilffe der Sinnen wahrgenommen haben. Sie zeichnen einen jeden Begriffe mit einem gewissen Worte; den Begriffen von ähnlichen Sachen geben sie ähnliche Worte, und den andern eigene. Dieses sind die Substantiva und Adjectiva. Sie bestimmen einen andern Theil ihre Urtheile anzubeuten, oder welches eben dasselbe ist, einen Schluß zumachen. Die Grammatici heissen die Wörter von dieser Gattung Verba. Und den dritten Theil brauchen sie ihre Schlüsse an einander zufügen, und die Folge auszubilden, in welcher einer von dem andern absteiget; sie machen Wörter welche den Zusammenhang, die Bedingung, die Underscheidung, den Gegensatz, den Nachbruck zeigen. Man nennet sie Particulas. Ich merke hier an, daß die Klarheit und die Reinigkeit der Rede vornehmlich von dem rechten Gebrauche dieser letztern Gattung der Wörtern abfliesset. Wenn sie ohne Verstande und auf gut Glück hin gesetzet werden, so wird die Rede dunckel, ungestalt, unordentlich und schwach.

Die Worte haben keine Bedeutung, als welche die Menschen einig worden sind ihnen zugeben. Sie sind wie ein Klump Wachs, welches gleich tüchtig ist, daß ihr die Figur eines Mannes oder eines Thieres seine daraus bildet; Also könnte geschehen daß an das Wort Sonne, an welches die Deutschen den Begriff von diesem brennenden Sterne gehenget haben, welcher auf der Erde Tag machet, und welchen wir von Zeit zu Zeit an dem einen Ecke des Horizontes sehen auffsteigen, und an dem andern, das gegen diesem überstehet, wider untergehen, nachdem er dieses Feld, das zwischen beyden liget, abgemessen hat, ich sage, es könnte seyn, daß eine andere Nation an das Wort [F 2] Sonne die Idee von derjenigen Sache bände, welche wir sonst durch das Wort Pferd verstehen, und durch welches wir eine Art von Thieren mit vier Füssen benennen.

Daß die Wort-Streite so gemein sind, ist dieses die vornehmste Ursache, weil diese Bedeutung der Worten aus der acht gelassen wird. Die disputirende Partheyen sind in dem Puncte der Begriffen ungleich, welche sie auf die gleichen Wörter fixiren. Also kan nicht anderst geschehen, wenn sie zu gleichen Wörtern ungleiche Begriffe fügen, daß sie ohne Ende gegen einander Worte wechseln, ob sie gleich mit den Gedancken überein kommen. Ich nenne, zum Exempel, die Niebrigkeit, und derjenige, gegen den ich dieses Wort brauche, begreiffet dadurch eine andere Qualitet, welcher ich den Nahme der Modestie gebe, und welche ich von der Niebrigkeit unendlich unterscheide, so werden wir uns niemals verstehen, so lange der andre auf die Modestie appliciren wird, was ich von der Niebrigkeit sage. Das einzige Mittel dem Wort-Zanck abzuhelffen oder ihn zuverwehren, ist dieses, daß man sich um die Erklährung der Wörtern bekümmere, welche man gebrauchen will.

Es ist indessen nicht genug, daß einer der deutlich reden will, die Worte kenne, und die precisen Begriffe die daran hangen; er muß über das die Kunst verstehen, die Worte in ihrer eigenen Ordnung zusetzen. Eine jede Sprache hat ihren gewissen Genie, welcher sich in Regeln zeuhen läßt. Derjenige redet deutlich, der die Kunst weiß seine Wörter in die rechte Ordnung zubringen. Der niedrigste von dem Pöbel kan vielleicht alle Worte sammt derselben Begriffen im Kopffe haben; aber dieses will nicht sagen, daß er die Sprache deutlich reden könne, so wenig als man sagen kan daß derjenige ein Baumeister seye, der alle Materialien zu einem Pallast zwar zu seinem Dienste hat, aber die Kunst nicht kan, die Steine und das schon ausgezimmerte Holtz in eine proportionirte Form zurücken. Damit ich ein Exempel setze: Die Deutsche Sprache leidet die Versetzung der ordinairen Construction nicht, welche die Lateinische erlaubet. Ein Römer hat können sagen:

— — — Tu Tityre lentus in umbra
Formosam resonare doces Amaryllida silvas.

Aber ein Deutscher verstühnde die Natur seiner Sprache nicht, wenn er auf gleiche Manier sagte:

Der Schäffer-Knabe schön im Schatten eines Waldes
Von seiner Liebsten singt, und Echo es nachsingt.

Er muß sagen:

— — — Der Schäffer singt im Schatten
Von seiner Schäfferin, und Echo singt es nach.

Ich kan bey dieser Gelegenheit einen Fehler berühren, welcher wider die natürliche Ordnung der Deutschen Sprache von vielen Leuten gemachet wird, wenn sie die Verba allzuweit von ihren Substantivis entfernen, und zwischen beyde so viel fremdes einmischen, daß man das Substantivum wieder vergißt, ehe noch das Verbum kömmt. Dieses geschicht gerne bey dem offtermaligen Gebrauch der Wörter Der und Welcher, und machet den Verstand überaus dunckel, durch die Länge welche eine Periode bekömt:

„Der Printz von Conde, unter welchem diese [F 3] Kriegerische" Fechter, diese erfahrne Officier, diese grosse Helden, welche durch" ihre ruhmwürdige Thaten sich in den letzten Kriegen so bekannt" gemachet haben, und welche den Ruhm des Frantzösischen Nahmens" allein so hoch getrieben, weil sie diesen Printzen zum Haupt und" General gehabt hatten, underwiesen und erzogen worden, hat Franck=" reich mehr Dienste gethan weder gantze Armeen." Die Finsterniß welche diese undeutsche Versetzung über den Discours streuet, wird sich verlieren, so bald ihr die Sätze nach dem Genie der Deutschen Sprache vertheilen werdet. „Der Printz* von Conde hat Franckreich" mehr Dienste gethan, weder gantze Armeen; Unter ihm sind diese" Kriegerische Fechter, diese erfahrne Officier, diese grosse Helden" underwiesen und erzogen worden, die durch ihre Thaten in den" letzten Kriegen sich so bekannt gemachet haben, und welche den" Ruhm des Frantzösischen Nahmens allein so hoch getrieben, weil" sie ihn zum Haupt und General gehabt hatten."

Was das Gantze dem Theil ist, das ist die Sprache den Wörtern. Ich heisse Sprache den Gebrauch der in einer Societet regiert, ihre Begriffe mit bestimmten Worten zubemercken, und denselben Worten eine gewisse Construction oder Ordnung zugeben.

Man schreyet diejenigen für eigensinnig aus, welche in der Kleidung von der gemeinen Mode abgehen, und sich in die Tracht ihrer Voreltern verstellen, welche vor hundert Jahren nicht mehr gelebet haben; Es ist gewiß ein grösser Eigensinn in dem Reden von dem allgemeinen Gebrauche sich verirren; Man bedienet sich ja der Sprache um seine Gedancken zuerklären, wenn denn die Worte in dem Finsterniß begraben liegen, wenn sie alt, fremd und un= bekannt, so wird niemand können errathen was ihr sagen wollet. Darum ist es allein der Gebrauch welchem das Recht zukömmt die Bedeutungen der Wörtern fest zustellen, und die Regeln der Construction vorzuschreiben.

---

* Bourdaloue, in der Klag=Rede über das Absterben des Printzen von Conde.

Aber wenn ich dem Gebrauch das Recht zugebe, die Sprachen
zumachen, so verstehet sich nicht, daß ich den Pöbel, welcher die
meisten Stimmen hat, und also Meister ist, den Gebrauch einzuführen
welchen er will, zum Richter aufwerffe. Der Gebrauch kan gut und
schlimm seyn. Das Thun der Verständigen ist das Modell, in
welches sich diejenige stellen, welche wol leben wollen; Der wol reden
will, nimmt zum Muster die Reden politer und witziger Männern,
welche sich durch ihre Sprache von des gemeinen Pöbels seiner ab=
gesöndert haben. Diese überlassen zwar dem Gebrauche sein Recht
Wörter zumachen, ungekränket, aber sie bedienen sich der Freyheit,
welche eine jede Privat=Person hat, unter denen welche schon im
Gebrauche sind auszulesen, die schlimmen Redens=Arten zuverwerffen,
und die guten in ihren Reden und Schrifften fortzupflantzen. Dahero
kömmet der Unterscheid, welcher sich zwischen der Sprache der ge=
meinen Leuten äussert, und zwischen derjenigen, welche die vornehme
reden, die die Freyheit genommen haben von dem schlimmen Ge=
brauche abzutretten. Diese letztern muß man sich vornehmen nach=
zufolgen; Man muß acht haben was für einen Gang ihre Worte
haben, was sie affectiren, und was sie ausweichen. Der Umgang
mit ihnen ist die Schule, wo man reden lernet, und wo man diese
nicht haben kan, so hat man ihre Bücher, in welchen sie allezeit
mit mehr Nachsinnen und Sorgfalt reden, als in einer freyen und
ungezwungenen Conversation geschehen kan.

Es können sich indessen Umstände ereignen, in welchen auch
einem Privat=Menschen von den besten Grammatic=Schreibern er=
laubet wird Wörter zugebrauchen die noch nicht bekannt sind, wenn
er nemlich von einer Sache reden muß, die seiner Nation noch un=
bekannt gewesen, und die noch keinen Nahmen hat. Nur ist sorge
zuhaben, daß ein solch neues Wort einen Thon und eine Termination
habe, welche von den gebräuchlichen nicht gäntzlich abweichen. Daß
uns in der Deutschen Sprache noch viele Begriffe ausbleiben, die
keine eigene Nahmen haben, geschicht aus keiner andern Ursache, als
weil Deutschlands sinnreichste Köpffe bisher lieber in der Lateinischen
als in ihrer Mutter=Sprache geschrieben haben. Die Sprachen be=
reichern sich nicht mit guten Wörtern, als wenn geschickte Männer
anfangen in denselben zuschreiben und zuraisonniren, denn solche
Leute, die an Gedancken reicher sind weder das schlechte Volck,
werden dannzumahlen genöthiget neue Wörter zubrauchen, um ihre
neue Gedancken auszubilden. Die Frantzosen haben sich dieser Er=
laubniß neue Wörter zumachen allezeit bedienet, und so wol aus

der Deutschen und Griechischen, als sonderbar aus der Lateinischen die schönsten Wörter angenommen.

Rubeen.

Zürich,

Bey Joseph Lindinner,
MDCCXXI.

VII. Discours. [Bodmer.]

Flumina amem silvasque inglorius. O, ubi campi,
Sperchiusque, & Virginibus bacchata Lacænis
Taygeta! O qui me gelidis in vallibus Hæmi
Sistat, & ingenti ramorum protegat umbra!

Virg. Georg. Lib. 2.

Es giebet Leute, die immer Gesellschafft haben müssen, wenn ihnen die Weile nicht lang und verdrießlich seyn soll. Sie sind wie todt so sie nicht durch anderer Leuten Zuspruch gestossen, und in Bewegung gebracht werden. Man muß sie nicht minder als eine Laute stimmen, wenn man will daß sie einen Thon von sich geben. Der Tumult, das Geschrey, die Menge müssen sie auf= wecken. In der Einsamkeit sind sie müssig, traurig und still, weil ihr Gemüthe so unfruchtbar an Gedancken ist, daß sie sich selbst überlegen fallen. Ihre Wissenschafft ist so klein, daß ein Tag oder eine schlafflose Nacht sie erschöpffet; so bald sie aus dem Centro ihres Handwerckes, oder ihrer Profession gesetzet werden, verirren sie sich in den Discoursen oder werden stumme. Ihre Reden zeuhen sich auf etliche Terminos des Piquet= des à l'hombre= oder eines andern Spieles zusammen, auf kleine und kahle Geburts= Neu=Jahrs= Bewillkommungs= Gesundheits= und guten Tags=Complimente, welche sie auswendig geler=[ö]net haben. Man muß sie fragen wenn man will daß sie reden. Solche Leute können sich nicht gnug verwundern, wenn sie andere sehen, welchen das Land=Leben gefällt, und welche Jahr und Tage in dem Bezircke von drey oder vier Stadien und in der Gesellschafft zweyer oder dreyer Personen zubringen. Es dünckt sie etwas erschreckliches von der Societet entfernet leben und keine andere Gesellschafft haben, als die Vögel des Himmels, die Thiere des Waldes, die Bäume, die Stauden, und die Steine; mit niemand Gespräche führen als mit der Echo, mit einem rauschenden Fluß oder mit den Faunen und Satyren. Sie schelten die Einsamen für Unmenschen, Singularisten, Misantropen, Heautontimoroumenos, oder solche die andern Leuten und sich selber feind seynd.

Ich dächte meines Ortes daß einer der die Ergetzlichkeit der Compagnie ohne Widerwillen ermangeln und eine weit grössere bey sich selber in der Einsamkeit finden kan, ein grosser und rarer Genie seyn muß. Er muß so viel Philosophie im Kopff haben, daß er durch reiffe Reflexionen über die Kürtze des Lebens, über die Gewißheit des Todes, über die Eitelkeit der Hochheit, des Reichthums, der Authoritet, der Freude, der Wollust allen diesen Zeug der so sehr à la mode ist, verlassen, und durch eine großmüthige Verachtung desselben sich biß zu der Tugend hinauf schwingen kan, welche allein die Mode überleben wird. Dahero ist vonnöthen, daß er in seinem Gemüthe einen reichen Grund zum meditiren besitze, daß er sich selbst und andere Leute, den wahren Werth der Sachen, den Preiß der unbekannten Freyheit — kenne; daß er mit sich selber reden, mit sich selber lachen, sich selber belustigen könne; daß er ein guter Kenner und Leser der Büchern seye, und eine stille Ergötzlichkeit aus dieser Beschäftigung zeuhe. Der Mensch kan nicht ohne Arbeit seyn, wenn sich seine Occupation nicht auf fixirte Objecte bezeuhet, so unterhält er sich mit Bagatellen, oder er darbet und verschmachtet.

> Man sieht ein sichers Volck an Höfen und in Städten,
> Das wie ums Tagelohn, das Pflaster pflegt zutretten,
> Das weil es Arbeit haßt, und doch nicht stille sitzt,
> Aus Vorwitz in dem Schooß des Müssigganges schwitzt.
> Canitz.

Der viel gelesen hat, und selbst gedencken kan, ist niemahls weniger einsam, als wenn er allein ist, und hat niemahls mehr Geschäffte als wenn er müssig ist. Wohin er sich kehret findet er Anlaß, nachzusinnen, und die Wercke der Natur auszuforschen; der Himmel der über ihm ausgespannet ist, die Sonne, der Mond, die Sternen, die Lufft die er in sich schlücket, und ihre geflügelten Einwohner; ein Holtz, ein Feld, ein Garten, das wilde und das zahme Viehe; alles ist fähig seine Augen zu weiden, und sein Gemüthe lebhafft zu machen.

Die berühmtste Männer haben ein Feld zu dem Preis ihrer

Staats=Bedienungen erwehlet, und ihre beste Freude auf demselben gefunden. Die Poeten wissen den Musen keinen bessern Aufenthalt, als ein Wälbgen und ein offnes Feld, oder das grüne Gestabe eines schattichten Baches. [G 2]
Einer von den besten und witzigsten (niemand wird diese Beynahmen dem grossen Horatius absprechen) hat alle seine Wünsche in die Marcksteine des Acker=Lebens eingeschrancket, und die süsse Beschäfftigung die er da gehabt, in den angenehmsten Versen beschrieben. Man wird die Passion die mich beweget, etwas davon zu übersetzen, desto lieber entschuldigen, weil dieses dienen wird, den unintressierten und freymüthigen Caractere dieses guten Poeten bekannt zumachen. Vernehmet demnach was er in der sechsten Satyre des zweyten Buches von sich selber gedichtet hat:

„Ich habe auf der Welt nichts mehrers gewünschet, als einen"
Acker, einen Garten, ein kühlen und lautern Brunnquell, und einen"
kleinen Wald. Der Himmel hat mir mehr gegeben weder ich ver="
langet. Ich habe genug. Ich bitte Gott daß er mir das wenige"
das ich habe, erhalten wolle. Ich begehre sonst nichts. Ich ver="
diene diese Gnade wol, denn ich habe keine Kunst noch Diebsgriffe"
gebraucht, mich zubereichern. Ich habe es auch nicht durch die"
Gurgel gejagt, was er mir geschencket hat. Ich habe mich nicht"
in das Geld vergaffet, und man hat mich niemahls gehört sagen:"
O könnte ich dieses kleine Stücke Feld haben, das sich so schön"
zu meinem Garten schicket! O Himmel! thäte ich einen guten Fund,"
wie dieser glückhaffte Bauer, der in seinem Acker einen reichen"
Schatz hervor gepflüget hat; Ich führe im Gegentheil offt diese"
Worte in dem Mund: Mercure! wenn dir bewust ist, daß ich mit"
dem wenigen das ich besitze, verlieb nehme, und nichts weiter be="
gehre, so lasse dir meine Angelegenheiten befohlen seyn, mache meine"
Heerde sett und zerstreue das Ungewitter, das sich über meinem"
Feld zusammenziehet."

Wenn ich fröhlich seyn will, so weiche ich aus der Stadt auf"
mein Landgut. Ich nenne es meinen Wall und meine Pastey."
Alsdann verbringe ich die Zeit zuweilen mit Verse machen, welche"
ich geläufftig und natürlich schreibe; mittlerweile ich diesem lustigen"
Geschäffte obliege, hat die Ambition keine Gewalt über mich, es"
incommodirt mich weder der scharffe Nord=Wind, noch der ungesunde"
Herbst der die Medicos reich machet: Zuweilen studiere ich in den"
Bücheren der alten Weisen: Zuweilen gehe ich schlaffen: Zuweilen"
thu ich gar nichts. "

„Meine besten Gerichte sind eine Blatte Bohnen, oder ander
„Zugemüsse, und ein Stück Speck. Ich setze mich mit meinen Freunden
„ohne Ceremonien zum Tische. Meine Knechte die in dem Hause
„auferzogen worden, essen unsern Ueberrest. Ein jedweder der an
„der Taffel sitzt, läßt sich nach seiner Phantasey einschencken. Er
„bindet sich nicht an die tyrannische Gesetze, welche bey den grossen
„Mahlzeiten regieren und trincket niemahls wieder seinen Willen.

„Die Gespräche, die wir miteinander führen, handeln nicht
„von andern Leuten, noch von den Aeckern und Häusern unserer
„Nachbarn, noch von einem neuen Dantze, den Lepus erfunden hat,
„sondern von unsern eignen Ange= [G 3]legenheiten, von den Pflichten
„die wir zu observiren haben.

„Es wird zum Ex. eine Frage aufgeworffen, ob die wahre
„Glückseeligkeit von dem Reichthum oder von der Tugend abkomme?
„Ob die Ehrlichkeit oder das eigene Interesse die wahre Freundschafft
„gebähre? Von was Natur das höchste Gut seye, und worinnen
„seine Vollkommenheit bestehe? Cervius mein Nachbar nimmt von
„diesen wichtigen Materien Anlase, eine lustige Fabel zuerzehlen,
„die er geschickt an den Mann zubringen weiß. Denn wenn sich
„einer mercken läßt, daß er Arelius wegen seines Reichthums
„estimiert, und nicht gewahr wird, daß dieser Schatz mit unendlicher
„verdrießlichkeit begleitet ist, so benimmt er ihm den Wahn mit der
„folgenden Fabel:

„Man sagt, daß eine Feld=Mauß einen Tag die Stadt=Mauß
„in ihr Loch invitirt hat. Sie hatten seit geraumer Zeit einander
„wol gekannt. Die Acker=Mauß, wiewol sie von Natur haußlich
„und karg ware, liesse dennoch nichts ermangeln, damit ihrer Freundin
„wol auffgewartet würde; sie stellte ihr Erbsen und Gersten=Körner
„für, welche sie seit vielen Jahren aufgeschüttet hatte, sie truge da=
„neben dürre Traubenbeere auf, und kleine Bissen Speck, um den
„Appetit zuerwecken. Die Stadt=Mauß versuchte von diesem allen
„mit einer ziemlich meisterlosen Minen. Inzwischen nahme die
„Wirthin für ihre Person mit etlichen Haberkörnern verlieb, und
„überließ aus Höfflichkeit die bessere Trachten ihrem neuen Gaste.

„Die Stadt=Mauß mit diesem Tractament übel zufrieden, nimmt
„das Wort: Kanst du vergnügt leben, meine werthe Freundin, sagte
„sie zur andern, mitten in einem finstern Walde, auf einem hohen
„Berge? Mein, ist die Stadt und die Gesellschafft der Menschen
„nicht annehmlicher als ein so wilder Aufenthalt? Willst du meinem
„Rathe folgen, so gehe mit mir, haben doch wir arme Thiere keine

unsterbliche Seele, können doch die Grossen so wenig als die Kleinen dem Tod entrünnen? Weil denn niemand lebig ausgehet, und bloß das bey dir stehet, deine Lebens=Tage kurtzweilig und glückseelig zumachen, so nimm deine Mesures darnach. Das Leben ist kurtz, du kanst es nicht länger machen, aber wol vergnügter. Dieser Discours kam der Feld=Mauß sehr vernünfftig vor. Sie springen freudig aus ihrer Grotte hervor, und nachdem sie einig worden, was sie für eine Route wolten nehmen, verreisten sie mit einander, in der Hoffnung, bey angehender Nacht incognito in der Stadt anzulangen. Es ware bald Mitternacht als sie glücklich ankommen. Sie nahmen ihren Wohn=Platz in einem prächtigen Pallast; das Bettzeug und die Tapisserien glänzten von dem lebhafftsten Purpur, aber nichts accommodirte unsere Reisende besser, als die überblibene Stücke von einer Gasterey, welche sie in Körben aufbehalten fanden. Die Stadt=Mauß, welche zu leben wuste, heisset alsobald die Acker=Mause auff eine Decke von Purpur sich nieder lassen. Sie selbst gieng und kam mit einer resoluten Minen, und bediente die andre nicht anderst, als wie eine Cammer=Dienerin, in dem sie ihr einen guten Bissen nach dem andern vor legte. Die Feld=Mauß wuste vor Freuden nicht was sie thate, wie sie sich an einem so guten Tische sahe, sie befande sich sehr wol bey diesem Leben, das dem ersten so ungleich ware, als ihnen beyden unversehens ein Gerassel, das man bey Eröffnung einer Thür machte, Todes=Angst einjagte; sie lieffen halb todt die Wand auf und ab; zu allem Unglück machten die Hunde ein Geheule, das ihnen durch Marck und Beine gieng. Nachdem die Feld=Mauß endlich ein wenig zu sich selbsten kommen, und wieder reden konnte, sagte sie zur Stadt=Mauß: Gehabe dich wol, dieses Leben ist nicht für mich, ich hasse das Getümmel. Ich gehe zurück in mein Loch, da lebe ich schmahl, aber in Sicherheit.

Michael Angelo.

Zürich,

Bey Joseph Lindinner,
MDCCXXI.

VIII. Discours. [Bodmer.]

O quanta species cerebrum non habes!
Phæder Lib. I, Fab. 7.

Wandala nennet sich die artige Tochter eines vornehmen Mannes; Ich habe sie von ihrer Kindheit an gekannt, und verdiene darum desto leichter Glauben, da ich ihren Caractere schreibe, welchen ich aus seinen allerersten Quellen herhole. Die erste Nouvelle, welche Wandala kriegte, als sie anfienge den Verstand zu öffnen, ware diese, daß sie ein schönes Kind seye, und die andere folgte so gleich darauf, daß es ihr an keinem Manne fehlen werde. Die Kinderwärterin schwatzte es ihr Tag und Nacht vor, um die Mutter zuflattiren, welche es freudig widerholete, und sich durch die mütterliche Affection die Augen zubinden liesse. Sie wäschete und schmückete das Kind, sie kleidete es kostbar an, sie schickte es den Verwandten, den Freunden und Nachbarn Visiten zumachen, und alle diese gute Leute hatten niemals Mangel an Complaisance für die Mutter, das Töchterchen zuadmiriren, und zuerheben. Der eine machte diese Observation, daß es einer berühmten Schönheit leibhafftes Modell, er accordirte in einem Paralele ihre schwar=[z]en Augen, ihre Näßgen, ihre wol=gemachte Lippen, ihre Kinne. Der andere fande eben dergleichen Aehnlichkeit des Kindes, mit einem Contrefey eines Cupidons, welcher Raphael von Urbin zum Meister hat. Dieser hatte seine Großmutter gekannt, als sie noch in dem Flor ihrer Jugend gewesen, und für die schönste Jungfer der Stadt passiert, er vergasse nicht die Rapports nach der Länge zuerzehlen, welche dies junge Kind mit ihr hatte. Des einen und des andern Wunsch ware einzig, daß es lebte, und daß die Lineamente, die sie an ihm entdeckten, Zeit bekämen eine Schönheit zu formiren, welche alle Männer durch eine geheime Krafft zwingen würde, sie zu lieben und zuverehren.

Jedermann redete auf diesen Thon mit dem Mägdchen, under=dessen wuchs es auf und kame zu Jahren. Es fieng an allgemach zu raisonnieren, und wie die Kinder ein frisches und neues Gedächtniß haben, schwebete ihm immer vor, was es von seiner Schönheit und von einem Manne gehört hatte. Ob nun zwar das unschuldige Kind nicht wuste was es sagen will, einen Mann nehmen, so war es doch schon geschickt zubegreiffen, daß ein solcher sein Glück machen sollte, und daß es sorgfältig seyn müste ihm zugefallen. Nicht minder wuste es den Schluß zumachen, daß einem Manne nichts so wol gefällt als die Schönheit, denn es erinnerte sich der Formul wol, die seine Mutter brauchte, wenn es etwas unrecht gethan hatte: Pfuy! du wirst keinen Mann bekommen, wenn du so garstig bist.

Mittlerweil als das Kind sich auf die Tortur schraubete, um auszuforschen, was ein Mann für ein Thier, wendete es alles auf seine Schönheit zuerhöhen, die Flecken auszutilgen und demjenigen was es schönes hatte, durch die Kunst einen Zusatz zugeben. Es hat sich zeitlich sagen lassen, was die Augen eines Mannes schön dünke, und weil es gehöret, daß eine proportionirte Taille, ein rundes Embonpoint, eine breite Stirne, eine weisse Haut, schwartze Augen, Aurora=rothe Wangen, in der Definition der Schönheit stühnden; so hat es diese Qualiteten voll Sorge vor dem Spiegel gesuchet, und die Eigenliebe hat seine Begirde schön zu scheinen so nachdrücklich secondirt, daß es sich ohne Contestation passable gefunden.

Die underschiedene Sorten von Gerüchen und Säfften, welche Wandala sich angeschaffet hat, die Haut rein, frisch und weiß zu= behalten, formiren eine kleine Apotecke. Ich sahe in ihrem Zimmer Zibeth, Balsam, Ungarisch Wasser, Viol=Pulver, Citronen=Saft, Meyen=Thau, Jungfern=Milch, und andre Charlatans=Waar.

Ja für ihr Anlitz wird auch Kühmist ausgebrandt.
Opitz.

Die Mutter hielte ihr einen Meister der Frantzösischen Sprache, einen Sänger, einen Virtuosen, einen Schneider, einen Dantzmeister, und das Töchterchen hatte seine gröste Freude, die ungereimte Däntze der Franzosen zulernen; es ließ es sich sauer werden, ihre närrische Stellungen wol nachzuahmen.

In währen dieser galanten Bemühung ist [§ 2] Wandala mannbahr worden. Eine Ceder ist nicht so grad als ihre majestetische Statur — — aber ich kan euch keinen ähnlichern Concepte von ihrer Schönheit machen, als wenn ich sage daß sie der Gemahlin des Poeten ** gleichet, und wenn ich euch auf die Beschreibung die er von ihr gemachet hat, hin weise.

Bildet euch daneben für, daß sie gut Frantzösisch redet, polit dantzet, nach der neuesten Mode geputzt ist, daß sie auf dem Instru= mente schlägt, und sanffte darein singt.

On sent aller au cœur ce qui sort de sa bouche.
Fontenelle.

Ich habe noch nichts gerühmt von ihrem Geist, sie hat ihn von der Art, welche trefflich gut ist ein Compliment zu schneiden, einen Roman oder Menantens verliebte und galante Gedichte zu=lesen. Wenn ihr gut findet ihr zu sagen, daß sie schön, unver=gleichlich, so wird euch die Antwort des Compliment=Formulars nicht ausbleiben: der Herr scherzt mit seiner Magd. Wenn ihr etwa also kämet, wie * *

     Bey dem Brunnen Durst zuleiden
     Hat der Himmel nie begehrt,
     Und ich wäre straffens werth,
     Wenn ich würde burstig scheiden.
     Drum mein Engel sey geküst,
     Weil es doch unmöglich ist,
     Bey dem Brunnen Durst zuleiden.

so ist sie capabel euch die Unrichtigkeit euerer Argumentation heiter und klar zu demonstrieren.

 Mit diesen seltenen Gaben gehet Wanbala heut zu Tag den Leuten unber die Augen; sie hat viele Rendez-vous mit ihren Ge=spielinnen, es sey daß sie aus der Kirche stehen, oder wann sie einanber in ihren Häusern Besuchungen geben. Alsbann suchet eine die andere an Geschicklichkeit zuüberstigen, um zehen oder zwantzig Faben so lange durch einander zuzuehen, und zuverstricken, biß sie eine gewisse Forme kriegen, welcher man den galanten Titel der Spitzen ertheilt hat; Oder sie holen allerhand Zeitvertreibe hervor, wie das Blintzelmausel=Spiel, das zum Keyser tretten, und andere. Im übrigen wenn sie in ihrem ernsthafften Humeur sind, so raisonnieren sie über die Magnificentz eines jungen Menschen, der seit kurtzer Zeit aus Franckreich zurück kommen, und eine galante Mode, die bey uns noch nicht gesehen worden, als den Profit von seinen Reisen mit gebracht hat.

    — — — Eat quacunque puellis
    Injiciat curam quærendi singula; quali
    Sit facie, sura quali, pede, dente, capillo.
              Hor. Lib. I. S. 6.

Sie messen sein Reichthum das er allbereits besitzet, und was ihm noch zuerben rückständig bleibt, und machen den Calculo barnach, ob seine Renten sufficient für die Depensen ihrer Kleibung und ihrer Plaisirs. Denn Wanbala und ihre Gespielinnen haben sich keinen andern Concept von einem Mann gemachet, als daß dieses eine Person die ihre Pracht, und ihre Commoditeten unnberhalten solle, und also den Werth ihrer Schönheit bezahlen.

Die Prophezeyhung welche Wandalen schon in ihrer Jugend von guten Leuten, gleich wie ich gesagt habe, gemachet worden, ist bereit einzutreffen, sie hat einen Hauffen Amanten, die alle das eheliche Bündniß mit ihr für ein vom [§ 3] Himmel gefallenes Glücke würden halten; Aber keiner liget ihr so tieff inn als Euphranor, denn über das, daß er jung, wolgemacht, und gelehrt passionirte Douceurs vorzuschwatzen, ist er auch so wol habend, daß er im Stand ist einer Frauen Carossen zu halten. Die Passion des Frauenzimmers für ein stoltzes Equipage ist general. Also machet sich Wandala grosse Mühe seine Liebe zu ernehren. Sie ist sinnreich Zusammenkünffte mit ihm anzustellen, es seye daß sie es dahin kartet, daß sie auf dem Lande ein Kind mit einander aus der Tauffe heben, oder daß sie zu gleicher Zeit eine Baden=Farth machen.

Ich sahe sie gestern durch meine Gasse spazieren, ihr Kopff=schmuck ware eine Kappe auf welche so viel Ellen Bande gebauet waren, daß sie wie ein spitziger Thurm nach dem Himmel stiegen; Brocard, Damast, Atlas stritten um die Wette welches ihr am besten stehe; ein paar der kostbarsten Handschuhen mit Gold=Frangen, subtile Schuhe mit Blumen und Laubwerck durchwürcket; die Finger voll Demanten, Jaspis und Saphiren; die Ohren mit den grösten Perlen beladen: Alles das erweckte meine Curiositet zu schauen, was unter diesem theuren Putz verborgen? Ein wol gewachsner Leib, ein Antlitz voll Lebhafftigkeit, ein süsser Mund, Feuerreiche Augen. Was mehr? Eine irrdische Seele.

Hier habet ihr eine Beschreibung von den wichtigsten Geschäfften, von den Freuden und den Sorgen einer Person, die gedencken kan, und die den Nahmen einer galanten und manierlichen Jungfer führet. Nun will ich diese Beyworte gelten lassen, und mich hüten zusagen, daß Wandalens Conduite lasterhafft seye; Aber ich kan auch nicht sagen, daß sie einem Menschen der nicht allein Cörper, sondern auch Geist ist, wolständig seye. Ich will nur fragen, ob es wahr seye, daß Wandala eine Seele hat, wie ihre menschliche Bildung vermuthen machet, und wenn sie pretendirt eine solche zu haben, so verlange ich das Beweißthum darvon in Geschäfften zusehen die nicht so gar materialisch sind, als die ihren, und wo auch das Gemüth Antheil nimmt. Ich frage sie ferner, ob die Seele oder der Cörper von

höherer Natur und Werthe seye, und wenn es die Seele ist, ob
diese denn nicht mehr oder wenigstens eben so viele Sorgfalt um
Wandala verdiene, als der Leib; ob sie verantworten könne, daß
sie nur die Haut und nicht das Hertze schöner machet. Es ist in
Wahrheit der gröste Affront für das weibliche Geschlecht, daß man
es in die Circkel der Kammer, der Kuchen, der Stuben, und der
Kunckel einschrancket; Ich sehe keine klärere Consequentz als diejenige,
welche man daraus machen kan, daß die weiblichen Seelen unedler
als die männlichen, ich sehe aber auch nichts absurders und falschers
als dieses.

Man sihet leicht an Wandalens Exempel, daß der Haupt-Fehler
bey denjenigen gestanden, welchen die Sorge für ihre Auferziehung
obgelegen, und wenn ich ihre gute Complexion und ihre Schönheit
betrachte, so kan ich nichts anders dencken, als daß ein schöner Geist
in dieser schönen Wohnung stecke, ich beklage nur daß man so lieberlich
und säumig gewesen denselben hervorzuruffen und zu brauchen.

Die Männer sind eine andere Ursache, daß die Weibs-Personen
so wenig sorgfältig sind für das gedenckende Theil, weil dieselbe
die Narrheit thun, und etwas schönes das keinen Witz hat, mehr
lieben, als etwas ungestaltes, aber verständiges; weil sie den Begriff
von Witz an die Schönheit, und den von dem Unverstand an die
Häßlichkeit gebunden haben. Ich bin sicher, wenn ich zum Ende
kommen würde, die Männer dieses Paradoxum zuüberreden, daß die
Schönheit häßlich ist, wo sie nicht durch gleichfalls schöne Gaben
des Gemüths begleitet wird; daß das Frauen-Volck andere Mesures
würde nehmen, und ihre Geschäffte nicht mehr borniren, den Leib
schöner zumachen, sonder vielmehr bedacht seyn das Gemüthe aus-
zupoliren.

Hans Holbein.

Zürich,

Bey Joseph Lindinner,
MDCCXXI.

IX. Discours. [Breitinger.]

Animi imperio, Corporis servitio magis utimur. Alterum
nobis cum DIs, alterum cum belluis commune est.
Sall. in Catil.

Was den Menschen von dem Thier unterscheidet, ist das Vorrecht das ihm die Güte des Schöpfers geschencket hat, daß er die Geschicklichkeit zu Gedencken besitzet. Wenn man indessen die tägliche Verrichtungen der meisten Menschen wolte betrachten, um sie nach denselben abzumessen, so würde man einen sehr kleinen Underscheid zwischen solchen und den Thieren finden; inmassen sich äussern würde, daß die Machine bey ihren ordinairen Geschäfften das gröste thut. Das Gedächtnis vertrittet bey ihnen die Stelle der Vernunfft, welche sie nicht zubrauchen wissen; Die Rede ist es durch welche der Mensch bekannt machet, daß er gedencket, und sich also von den unwissenden Thieren absöndert: Aber wenn ihr auf die Conversationen des gröften Theils der Menschen achtung gebet, und dieselben undersuchet, so werdet ihr wahrnehmen, daß ihre Reden lauter machina=[3]lische Wirckungen des Gebächtnisses sind. Sie werden mit tausend Historien einkommen, mit Fabeln, Complimenten, Wort=spielen = = = welche ihnen von Mutter und Großmutter ange=erbet sind; sie werden euch, wenn ihr wollet, die Personen citiren von welchen sie ihre Erzehlungen aufgelesen haben; sie werden euch die Zeit und den Ort precis bestimmen, wann und wo sie die oder diese Sache gehöret haben, und vielleicht nicht ermangeln euch zusagen, daß dieselbe Person, von welcher sie es haben, ihnen gesagt, daß sie es von einer solchen andern gehört habe. Also ist ihre gantze Wissenschafft in dem Grunde nichts anders als eine Nachfolge und Wiederholung. Diese gemeine Leute halten auf den Entre-Vûes im Reiche der Todten und andern Büchern, die mit seltsamen Historien, mit neuen Zeitungen, mit Mord= Brand= und Diebs=Geschichten angefüllet sind, unendlich mehr als auf einem raisonnirenden Buche, weil dieselben ihnen Materie vollauf weisen, das Magasin ihres Gedachtnisses zuprovisioniren, und sie in den Stand zusetzen, daß sie in einer Gesellschafft ihre Portion zuschwatzen mit milder Hand abtragen können.

Wenn ihr gehet der Ursache nachzudencken, wie es geschehen, daß ihre Vernunfft so tieff hinunter gerathen, und daß die Zeichen so schwach und zweifelhafftig sind, an welchen man sie kennen solte, so werdet ihr alsobald sehen, daß eintzig die elende Auferzeuhung, welche sie gehabt haben, schuld daran gewesen. Sie haben seit ihrer ersten Kindheit das Unglück gehabt, daß Unverständige, welchen die Sorge obgelegen, ihnen die erste Concepte von der Welt, in welche sie angelanget, und von ihren Geschäfften zumachen, es in der gebiethenden und dictatorischen Methode gethan, in welcher die ungerechten Formuln stehen: Dieses ist jetz also; Ich will daß es also seye; Willst du nicht gestrichen werden, so = = = an statt daß sie durch Fragen ihre Vernunfft hervorruffen sollen, und in der Einfalt mit ihnen discouriren. Aus dieser Procedur, welche man mit ihnen gemachet, haben die arme Kinder eine Haupt=Maxime herausgezogen: Daß sie schuldig seyen zuthun, und zugebencken, wie die andern Leute, die vor ihnen gelebt; welche die schädlichste Wirckungen für sie gehabt hat. Denn sie haben sich nachher tausenderley Ideen in den Kopff gestecket, von welchen sie kein stärcker Fondament gehabt, als daß sie dieselben von andern aufgefasset, welche sie sich entweder selbst in ihrer unrichtigen Fantasie geschmiedet, oder auf Treu und Glauben angenommen hatten. Darauf hat die Gewohnheit sie auf den Wahn gebracht, sie haben nicht mehr Witz vonnöthen in der Conversation wol fortzukommen, als für dasjenige wieder an den Mann zubringen, was sie von andern entlehnet. Also haben sie selbst ihre Vernunfft des Rechtes und der Freyheit, welche ihr eigen sind, die Sachen zuuntersuchen, beraubet, und endlich gar ent=[J 2]setzet. Zuletst haben sie sich beredet, das Gedencken seye eine traurige und melancholische Sache, und geschehe mit der gröſten Beschwerde des Menschen. Ich habe einen gesehen, welcher von einem jungen Menschen, der durch sein stilles Wesen von seinem tieffsinnigen Geist Anzeigung gegeben, sich verlauten lassen: O der arme Knabe, ich trage Mitleiden mit ihm, er wird wenig fröliche Stunden auf der Welt haben, er kan nicht lachen, er versteiget sich in seinen Betrachtungen, ich förchte, ich förchte er werde sich noch zu einem Narren, wo nicht zu tode studieren.

Wenn mich nun jemand fragte, wie es ein solcher Unglückseliger anzugreiffen hätte, der die Vernunfft verschencket, so ist kein anderer Raht übrig, als daß er vor allen Dingen sich wider in den Stand stelle, in welchem er gelebet, bevor er seine Vernunfft untergehen lassen, und das Gedächtniß mit ihren Freyheiten investirt. Das will sagen, er müsse wieder ein Kind werden, nachdem ich gewiesen habe, daß der Anfang seines Verderbens in seiner ersten Kindheit geschehen.

Es ist keine leichte Sache sich von einer angenommenen Manier, an welche die Glieder seit langer Zeit gewöhnet sind, loßzureissen; Indessen düncket mich, daß einer der in die Gewohnheit kommen ist, die Vernunfft niederzudrücken, ihr am besten wieder aufhelffen kan, wenn er sich gefallen läßt die Progresse zumachen, welche ich gehe vorzuschreiben. Er muß ein billiges Mißtrauen auf alle die Sachen setzen, welcher Gewißheit von der Vernunfft muß gesucht werden, und welche er von den ersten Jahren seines Lebens von allen Orten eingesammelt, und in sein Gedächtniß zusammengetrieben hat; Er muß dasselbe ausleeren, und dabey sich entschliessen, nichts weiter darinne Raum zugeben, als demjenigen, was er mit seiner eignen Vernunfft **untersuchet**, und von dem er die **Deutlichkeit gefunden hat**; An statt daß er seine vorige Gedancken nur von andern geborget hat, so muß er in zukunfft seine **eigene hervorsuchen**. Wenn er nun die Resolution gefasset hat, die Sachen zu= untersuchen, so muß er sorgfältig seyn die folgende Hindernissen, welche ihm aufstossen werden, aus dem Wege zuräumen.

Ein grosses Verhinderniß machen einem Menschen der anfängt zuuntersuchen, die äusserlichen Sinnen, weil er Ursache findet, derselben Gewißheit in Zweifel zuzenhen. Wenn er, z. Ex. siehet, daß eine Canne, welche er unter Wasser hält, gekrümmet scheinet, ungeachtet sie ausser demselben Schnur=gerade, so hat er Grund einen Betrug von Seiten der Sinnen zuförchten. Dieses soll ihm zu einem Underricht dienen, daß er die Behutsamkeit brauche, und seinen Sinnen niemahls [J 3] Glauben zumesse, als wenn er alle Circon= stanzen welche sich ereignen, exact und reifflich erwogen hat, denn er wird auf diese Weise lehrnen, wie weit die Kräffte der Sinnen sich erstrecken, und in welcher Distantz und Positur ihnen zutrauen.

Ein neues Hinderniß bräuet ihm die Übereilung. Er wird finden, daß, wenn er Schlüsse aus einem gewissen Principio ge= leitet, bevor er alle Terminos desselben eigentlich gekannt, und sich davon versichert, alles dasjenige Falschheit ist, was er darauf ge= bauet hat. Dieses ist ein Hinderniß, welches bey den Menschen nur allzugemein; ihre Natur ist allzufaul, flüchtig und ungedultig, als daß sie lang über etwas still stehen sollten. Die Mittel sich aus dieser Difficultet loßzuwinden, sind diese, daß er keinen Satz gelten lasse, von dem er alle Terminos nicht im Grunde verstehet, und ihre Wahrheit nicht wol untersucht hat; hernach, daß er keine Conse= quentz aus einem Satz herleite, welche nicht klar, unzweiffelhafft und nothwenbig daraus abfliesset.

Endlich stößt ihm noch ein Verhinderniß auf von der Autoritet. Er läßt sich das Ansehen und die Renommee eines gelehrten oder eines vornehmen Mannes verführen, also daß er bey der Untersuchung einer Sache, geschwinder ist, davon zuglauben, was dieser davon debitirt hat, als was er selbst davon finden möchte. Allein er mache nur die Betrachtung, daß andere, die von seiner Natur participiren, von denen Schwachheiten, welchen er unterworffen ist, nicht befreyet, und er also nicht kan sicher seyn, daß ihre Sinne sie nicht betrogen, daß sie sich nicht übereilet, oder daß sie selbst sich nicht von einer Autoritet die Augen zubinden lassen: so wird es ihm keine Mühe geben, bey der Suchung der Wahrheit sich der ungegründeten Autoritet loßzumachen.

Wenn er endlich alle diese Hindernissen glücklich überstanden hat, alsdann hat er die Vernunfft wider frey, und ist in der Situation sie glücklich zugebrauchen und zu mebitieren. Da er vormahls so thöricht gewesen und andere Leute gefraget, was er von einer Sache gedencken, und worfür er sie ansehen sollte, wird er jetzo in sich selbst gehen, und sich fragen, was er von der oder einer andern Sache, welche ihm aufstößt, gedencken könne; Wann er an einem Morgen die Sonne wird über seinem Haupt tagen sehen und seine Verwunderung erwecken, so wird er sich nicht mehr mit der Antwort einer blöden Amme narren lassen, die Sonne seye ein Strohm von geschmoltzenem Metall, welcher sich in der obern Lufft von Morgen gegen Abend ergiesset; sondern er wird sich selber diese Fragen vorlegen: Ob es auch seye, was er da vermeinet zusehen, und Sonne höret nennen? Was es wol seye? Wie groß es seye? Woher es kommen seye? Zu was Ende es da seye? Und er wird keine Antwort auf einige von diesen Fragen fixiren, die er nicht unzweiffelhafft beweisen kan. Das ist die Ordnung, die er bey seinen Undersuchungen hat, und dasjenige was ich sein mebitiren heisse. Ich mache zum Beschluß noch die Anmerckung, daß das Melancholische Temperament das beste seye zum mebitiren. Ein Melancholischer ist behutsam, gebultig, eigensinnig, und darum desto besser im Stand, die Hindernissen abzutreiben, welche von den Sinnen, von der Übereilung, und von der fremden Autoritet gemachet werden; und die Sachen biß in ihre äusserste Ecke zuverfolgen.

Michael Angelo.

Zürich,

Bey Joseph Lindinner,
MDCCXXI.

X. Discours. [Breitinger.]

Hic aliquis de gente hircosa centurionum
Dicat: quod satis est sapio mihi: non ego curo
Esse quod Arcesilas, ærumnosique Solones,
Obstipo capite, & figentes lumine terram,
Murmura cum secum & rabiosa silentia rodunt,
Atque exporrecto trutinantur verba labello,
Ægroti veteris meditantes somnia: gigni
De nihilo nihil, in nihilum nil posse reverti.
Hoc est cur palles; cur quis non prandeat hoc est?
Pers. Sat. III.

Der Mensch ist in dem Lauffe seines Lebens so vielfaltigem Elende unterworffen, da er immer aus einem überstandenen Verdrusse in einen andern, und aus einem leichtern in einen schwerern fällt, daß es scheinet, die Natur habe ihm zu keinem andern Ende die Eigenliebe, welche die durchgehendste und stärckste Neigung des menschlichen Geschlechtes ist, so tieff in das Hertze gepflantzet, als daß sie ihm für einen Damm wieder den ausbrechenden Unmuth sollte bienen, welcher ihm das Leben erleidet und ihn einen geschwinden Tod wünschen machet. Dieselbe ist Ursache, daß er alles dasjenige, was zu der Zerstörung und Auflösung seiner Machine Anlase geben könnte, mit der ersinnlichsten [K] Sorgfältigkeit und nach äusserstem Vermögen ausweichet, und von seiner Person ablehnet. Nun wächst der menschlichen Machine kaum von etwas grössere Gefahr zu, als von der Traurigkeit. Wenn dieselbe sich des Menschen bemächtiget hat, so bringet sie sich durch sein innerstes, sie setzet die gantze Seele in eine Bestürtzung, und verhindert den freyen Gang ihrer Kräfften; Der Cörper verliehret alle freywillige Bewegung, die Zunge kan kein Wort hervorbringen, das Gehör wird betäubet, es sammelt sich ein schwartzes Finsterniß für den Augen, eine bleiche Todten-Farbe überzeuhet die Haut, alle Glieder zitteren, die natürliche Wärme verschwindet. Diese gewaltsame Situation in welche sie den Menschen setzet, bedrohet ihn mit einem gewissen Tod, wenn sich die Traurigkeit nicht bald zertheilet, und es ist offte begegnet, daß die ungestüme Gewalt der Traurigkeit die Lebens-Geister zerstreuet, und einen Menschen mause-todt zur Erden geworffen hat. Darum träget er billich sorge, daß er sich des feindlichen Angriffes derselben auf das beste erwehre; Er hat Ursach diese und die Unglückseligkeit für zween Feinde anzusehen, die zusammen eine Allianz geschworen haben, um den Ruin seiner Machine unausbleiblich zumachen.

Ich habe in dem Discourse von dem Meditiren wahrgenommen, daß diese Leute, welche für das Meditiren sich die Nachfolge und das Wiederholen angewöhnet haben, beredet sind, das Meditiren führe Beschwerden mit sich, welche den Menschen weit mehr ermüdeten, als das schwerste Handwerck, es versencke in eine Traurigkeit und Melancholey. Das gemeinste das sie zu dessen Behauptung anzeuhen, ist die Einsamkeit, welche zu dem Meditiren erfordert werde. Nun sind nach ihrem Ermessen Traurigkeit und Einsamkeit gleiche Sachen; Wann ihr allein seit, sagen sie, so wird euch die Weile lang, ihr fallet in die Unthätigkeit, die Freude und das Lachen verschwinden, ihr könnet nicht allein lachen, die Freude ist klein wenn sie nicht mitgetheilet wird; die Sorgen greiffen euch an, und schlagen euch darnieder, ihr mangelt andrer Leuten freudigen Zuspruch, und seyt nicht vermögend ihnen für euch Wiederstand zuthun; ihr gebet ihnen Gehör, und die Stille welche um euch regieret, verderbet euch von Natur die Phantasie, und mahlet euch die Objecte euerer Furcht trefflich grösser ab, weder sie eigentlich sind. Sie sagen weiter, daß die Sorgen mit minderer Mühe in einer lustigen Gesellschafft vergessen, als durch tieffe Reflexionen zerstreuet werden. Endlich, es seye nichts traurigers und unglückseligers als das Meditiren.

Alleine damit ich euch die Unrichtigkeit und Falschheit dieser ungegründeten Beschuldigungen vor die Augen lege, so dörffte in Ermangelung andrer Gründen wol dieses eintzige vermögend seyn, sie euch verdächtig zumachen, daß die grosse Absurditet aus der [§ 2] Natur ihrer Rede fleusset: Ein Thier seye glückseliger als ein Mensch, weil es die Fertigkeit zuraisonniren nicht habe, und folglich nach ihren Principiis von alle den traurigen Wirckungen befreyet seye, welche das Meditiren in dem armen Menschen machet. Auf diesen Fuß hätten sie weiter Recht zuwünschen, daß sie für Menschen Thiere auf die Welt kommen wären. Ein Wunsch, welcher Anzeige giebet, daß derjenige der ihn machet, von dem Zwecke desselben, nicht mehr weit entfehrnet seye! Inzwischen wird ein Liebhaber des Meditirens andere Gründe finden, nachdrücklich zubeweisen, daß der Zustand einer Person, welche niemahls meditirt, bey weitem unglückseliger und trauriger seye, als der seine.

Sie geben mir den ersten Grund selbst an die Hand, indem sie sagen, daß einem Einsamen die Weile lang werde, daß er in eine Unthätigkeit falle, ꝛc. Sie verrathen sich damit selbst, und machen den Caractere ihrer eigenen Unwissenheit in der Zeit daß sie vermeinen eines Meditierenden seinen zumachen, denn sie messen unverständig diesen nach ihrem Schuhe. Ihnen die nicht meditiren können, begegnet in der That, so offt sie von den Leuten abgesöndert sind, und sich selbst überlassen werden, daß sie sich selbst eine schwere Bürde werden. Ich nehme nun eben davon den Beweiß, daß ein Meditierender so viel glückseliger seye, weil er auch selbst in der Einsamkeit, welche den andern so erschrecklich und traurig scheinet, lustig und erfreuet seyn kan. Er lebet in der Wahrheit niemahls vergnügter, und hat auch niemahls mehr Geschäffte als wenn er allein ist. Alsdann unberredet er sich mit sich selbst, er giebet seiner Imagination und seinen Gedancken den freyen Lauff; sie brechen aus, und führen ihn auf die Staats=Geschäffte der mächtigsten Printzen, welchen er nachspühret; Es ist nichts grosses in der Welt welches seinen Reflexionen entgehe; Was gewesen ist, was ist, und was werden kan, bemühet ihn. Er reisset sich öffters aus der Machine in welche er eingeschranckt ist, heraus, er kehret sein himmlisches Gemüthe auf das was ewig ist; er trittet über alles was irrdisch ist, er siehet die Sterblichkeit unter seinen Füssen. Der Tod, die Sorgen, die Schmertzen und die Traurigkeit liegen unter ihm, auf der Tieffe der Erden. Nichts verhindert seinen Lauffe, er entfehrnet sich immer von dem Erdboden, und steiget zu GOtt über sich, zu GOtt, von welchem er abkommen ist.

So langweilig und traurig die Einsamkeit einem Menschen fällt, der nicht gedencken kan, eben so langweilig wird ihm die Con= versation kluger und witziger Leuten. Ich will zugeben, daß er bey einer Trouppe Menschen von seinem Schrot lustig seyn kan; Er ist der Mann welcher mitsauffen, mitlachen, mitspringen, mitschreyen kan, und er weiß sich nicht lustig zumachen, als in dem Tumult und in der Menge. Aber wenn [K 3] er in die Gesellschafft der Verständigen kommet, so werdet ihr wahrnehmen, daß ihm die lange Weile auf dem Fusse nachfolgen wird, denn er wird nicht allein nichts zusagen haben, sondern auch dasjenige, was den andern Materie geben wird zugedencken, und zu reden, wird ihm unver= nehmlich und abgeschmackt seyn; Er wird gezwungen seyn zuschweigen, oder wenn er seine gewohnte Kunst ohne Vernunfft zuschwatzen, brauchen wollte, wird sich unter seinen Zuhörern ein verächtliches brummen erheben, welches mit einem lauten Gelächter endigen wird, und ihm den Schweiß und die Schamröthe in das Angesicht treiben:

Im Gegentheil hat ein Gedenckender den Vortheil, daß er lustig seyn kan, es seye daß er mit Weisen conversirt, die so gerne gedencken als wie er; oder daß er das Unglück hat, in die Conversation närrischer Leuten zukommen. Mit den Klugen besprachet er sich von allem was dem Menschen nützlich oder schädlich ist, von dem Tugendhafften, von dem Schönen, von dem Ehrlichen, von dem Billigen; der Umgang den er mit ihnen hat, ist eben so nützlich als ergetzend. In der Conversation der Närrischen lernet er die Solidität der Plaisirs, welche die Meditirende haben, kennen, wenn er die schnöde, kaltsinnige und kurtze Plaisirs der andern dagegen hält, den Rausch, die Wort=Spiele, die Grimacen, die Histörgen = = = Er siehet eine Thorheit auf die andere folgen, von welchen diese immer lachenswürdiger ist als die andere. Diese dummen Leute geben ihm die Comedie.

Dieses mag genugsam seyn, zuzeigen, daß einer der gedencket, nicht allein nicht traurig lebet, sondern noch so süsse und zugleich nützliche Plaisirs geniesset, an welche ein **Materialischer Mensch** nimmer gelangen kan, und von welchen ich mir vergebliche Mühe geben würde, ihm einen Begriffe zumachen. Wenn indessen dies alles nicht zulänglich wäre, das Gedencken zurecommendiren, so muß er wissen, daß er in der Obligation stehet, zu meditiren. Der Schöpffer hat gut gefunden, den Menschen nicht nur materialisch zu machen, sondern ihm auch noch ein geistliches Wesen einzuflössen, welches mit gedencken wircken kan; Nun ist der Idee welche wir von dem klügsten Werckmeister müssen fassen, nichts gemässer als zuglauben, derselbe wolle, und habe die Vernunfft euch darum geschencket, daß ihr sie brauchet, ausbessert, und ihr alle die Schöhnheit gebet, welche sie bequem ist zubekommen. Der eine kunstliche Uhr von einem sinnreichen Erfinder verehrt gekrieget hat, würde sich ohne zweifel seinen Zorn auffladen, wenn er gienge, und das schöne Wercke aus Dummheit den Rost liesse fressen, oder wol gar seine Räder aus einander stieß, und zu Stücken bräche; Also weiß ich nicht, wie einer dem Absehen des Schöpffers entsprochen habe, der die gantze Capacitet seiner Vernunfft sein Lebtag zu nichts anders angewendet hat, als seine Gliedmassen zubemühen, um ein Stück grobe Materie in eine gewisse Forme zuverstellen, welche dienen kan, seinen Cörper von der Gewalttähtigkeit der äusseren Objecten, welche drohen ihn anzufallen, gesund zubewahren; oder, welche ein Gewehr ist von einer Passion die ihn bemeistert hat; öffters mit wenigerer Kunst, weder ein Vogel oder ein vierfüssiges Thier bezeiget, wenn jener sein Neste auf einen hundertjährigen Eichbaume in der abgemessensten Ordnung flichtet, und dieses sich eine unterirrdische Grotten in dem abgelegensten Winckel eines Waldes bauet.

Michael Angelo.

Zürich,

Bey Joseph Lindinner,
MDCCXXI.

XI. Discours. [Zellweger.]

Omnibus in terris, quæ sunt a Gadibus usque
Auroram & Gangen pauci dignoscere possunt
Vera bona atque illis multum diversa, remota
Erroris nebula: quid enim ratione timemus,
 Aut cupimus? Juven. Sat. X.

Die Ungleichheit der Menschen, ihrer Humeurs, Neigungen und der Begriffen, welche sie selbst sich formieren, oder welche sie von ihrer Auferzeuhung, ihrem Studieren und der Conversation mit andern Leuten entlehnen und annehmen, entdecket sich, meines erachtens, nirgends auf eine so sichtbare Weise, als in dem Suchen des Gutes überhaupt, und der Glückseligkeit, welche davon abfliesset, für die sie samtlich mit Angst und Schmertze, aber auf eine überaus unterschiedene Manier sich bemühen; Dieser Unterscheid ist so trefflich groß, daß ein gedenckendes und unpartheyisches Wesen, das von einer andern Espece, und von allen den unregularen Regungen frey wäre, schwerlich mercken würde, daß die Menschen eine eintzige und gleiche Espece Geschöpffe machten, denn was die einen am meisten verfluchen, das ist den andern eine Freude und ein Plaisir; Ein Europeer fliehet, und schauet eben dieselbe Sache mit Abscheu an, welche der Indianer mit Ehrfurcht und Unterthänigkeit anbettet, der eine vielleicht mit nicht bes=[L]serm Recht als der andere; Der geitzige Spanier würde hertzlich gerne alles aufwenden, damit er alles Golde von Peru in seine Kisten brächte, der Americanische Wilde (der eben so wol ein Mensch, und vielleicht vernünfftiger ist als der erste) siehet es im gegentheil als etwas

schlechtes und unnützliches an, und nimmt mit den Früchten der
Erde vorlieb, welche ihm die milde Natur in solcher Menge zu
seinem Gebrauche wachsen läßt; Und also ist es mit allen Begierden
und Neigungen der Menschen beschaffen, dermassen daß Ennius recht
gehabt zusagen:

> Imus huc, hinc illuc, cum illuc ventum, ire illinc lubet
> Incerte errat animus, præter propter vitam vivitur.

Diese Ungleichheit äussert sich indessen nicht nur in der Espece über=
haupt, sondern auch in einem jeden Individuo, das ihr vor sich
selbst und alleine betrachtet, denn erweget wol, und beschauet bey
dem Lichte, alle die Begierden, die Furcht, die Hoffnung, den Ver=
dacht, ꝛc. welche gegen einander loßgehen, und sich selbst nach einander
aufreiben, als so viele Tyrannen, die sich die Herrschafft über den
Menschen streitig machen; und messet alle die unterschiedene Gedancken
gegen einander ab, welche sich der Mensch machet, und in seinem
Kopff, ich will nicht sagen in währendem Lauffe seines Lebens oder
eines Jahrs, sondern in der Zeit einer Wochen oder eines einzigen
Tages walten läßt, so werdet ihr sehen, welch ungeheures Chaos
und gräßliches Monstrum alles das zusammen formieren wird; Ich
kan mich nicht besser über diesen Punct erklären, als Boileau in
seiner VIII. Satyre gethan hat: **Der Mensch flattert in seinem
Leben ohne Ruhe herum, er fährt unaufhörlich von einer
Meinung zu der andern; sein Hertz schiffet zwischen
tausent Klippen und Hindernissen; es weiß weder was
es will, noch was es nicht will; davor es sich heut ge=
segnet, das wünschet es morgen hertzlich, ꝛc.**

Alle diese unterschiedene Gedancken und Neigungen der Menschen
kommen mir um so viel wunderlicher für, und mahlen mir die
Fantasterey des menschlichen Gemüthes um desto grösser ab, weil
sie, ungeachtet dieser Verschiedenheit, doch in diesem Punct durch=
gehends und niemand ausgedungen mit einander einig sind, daß
sie alle gleich, die Narren so wol als die Weisen, das Gute, eine
sichere und dauerhaffte Glückseligkeit suchen, wie wol sie ein jeder
absönderlich auf eine Manier, die von des andern gantz unterscheiden
ist, suchet, nach der Anleitung seines Temperamentes, oder nach dem
die Situation ist, in der er stehet, oder nach denen Ideen, welche
er sich in seiner Kindheit durch die treue Hilffe, Wachsamkeit, oder
auch Autoritet der Eltern und Schulmeistern hat machen müssen.
(Dies letztere ist eine überaus schöne und löbliche Maxime, die in

dem entsehrntsten Alterthum schon Platz gefunden hat, daß man
das Gemüth der jungen Leuten mit dem Stecken in der Faust auf
die Principia der Vernunfft gewöhne. Diese Methode giebet den
gebietenden Decisionen ihr Gewicht, den Meinungen einen starcken
Nachdruck, und den Zweifeln ein helles Licht, und ist trefflich geschickt
die Leute zuüberführen. Oder mein! warum solte man alsdann
nicht ohne Scrupel und Zweiffelmuth annehmen, [L 2] was unsere
Zuchtmeister uns mit so starcken Argumenten, und die so sichtbar
und handgrifflich sind, beweisen.) Die Menschen suchen demnach
auf Wegen, die so weit von einander entfehrnet sind, als der Himmel
und die Erde, zu einem gleichen Zweck zugelangen.

Mein Vorhaben ist nicht von dem höchsten Gut zureden (welches
wenig Personen mit ernsthafter Sorgfältigkeit durch die Wege, die
es selbst vorgeschrieben hat, suchen, und viel weniger finden) von
dem wir aus dem Licht der Natur ein schwache Kenntniß haben,
und dessen Qualiteten, Tugenden und Vollkommenheiten uns in denen
Büchern der Revelation beschrieben werden, von welchen die Juden und
Christen, und selbst die Mahometaner und ein Theil der Heiden mit
einer so grossen Veneration reden, und so viel Parade machen, aber,
wenn wir nach ihren Wercken urtheilen, ihnen wenig glauben zustellen,
die Vornehmen, und die Vorsteher der grossen Versammlungen eben
so wenig als die kleinen und die untergebenen Zuhörer; sondern
ich will überhaupt von der Glückseligkeit des gegenwärtigen und
zeitlichen Lebens reden, welche dem gantzen Geschlechte der Menschen
von einer Axe des Himmels zu der andern gemein, und die gleiche
seyn sollte; und welche doch so ungleich und different ist, als es
die Meinungen und die Passionen der Menschen sind, die meines
bedünckens nicht übel in drey Classen können vertheilet werden, von
welchen die erste die Weisen, die zweyte die Narren, und die
dritte die Leute begreiffet, die zwischen beyden das mittlere
Ort nehmen; Ich setze in die erste diese Leute, welche allezeit sich
selber gleich sind, und von aller Unruhe befreyet, sich von der ein=
faltigen Natur, und von dem Licht einer gereinigten Vernunfft, die
sich von allen Vorurtheilen und Aberglauben der eigensinnigen Welt
losgerissen hat, führen lassen, und welche ihre Principia auf reale
Wahrheiten stützen, die so wol aus der Revelation als der wahren
Natur derer Sachen die ihnen vor das Gesichte kommen, fliessen
und genommen werden. Die von der zweyten sind diese, welche über
nichts was es immer seye, reflectiren, sich um nichts bekümmern,
und ihre eintzige Sorge seyn lassen, daß sie wol essen, wol trincken,

und alle ihre fleischliche Lüste befriedigen; welche im übrigen auf eine gantz machinalische Weise, alle die Bewegungen und Actionen nachmachen, welche Leute die Credit haben, und ihre Meister und Herren ihnen weiß machen und einblasen; und in diesem Punct dieser Gattung Geschöpffen sehr ähnlich seynd, welche man gemeiniglich Thiere nennet. Die von der dritten Sorte haben von beyden Caracteren etwas, sie fassen von ihrer Jugend an Meinungen auf, die man ihnen frühzeitig und sorgfältig vorsagt, sie formieren sich daraus Ideen, welchen sie hernachmals etliche leichtsinnige und verwegene Reflexionen beyfügen, und darauf Sätze und Systemen bauen, von welchen sie um alles Gut der Welt keinen Fuß breit abweichen würden, solte gleich Erde und Himmel darüber einfallen und zu trümmern gehen. Diese letztern sind in sehr grosser Anzahl, und haben den meisten Credit; man [*3] findet selten Leute von der ersten Gattung, und von der zweyten ist der gröste Theil des gemeinen Pöbels. Wenn ich mich hier mit denen närrischen Vergleichungen und Allegorien wolte schleppen, die so sehr im Schwange gehen, sonderbar bey diesen Leuten, die uns ihr Gesetze mit Authoritet debitieren, so könnte ich die ersten mit dem ersten Elemente des Hrn. Des=Cartes vergleichen, mit dieser subtilen Materie, die durch alles eindringet, alles licht und helle machet, die zweyten mit dem dritten, und die dritten mit dem zweyten Elemente, ich könnte, wie denn die Materie hoch, und das Gleichniß schön ist, die schönste Sachen daraus abführen, aber ich übergehe es mit stillschweigen, damit man mich nicht für einen Schwätzer erkläre, wie so viele andere.

Alle diese Leute nun suchen sich, gleich wie ich gesagt habe, auf ein gleiches Ziel zuheben, welches ist, sich in dieser Welt glück=selig zumachen, aber sie sind darinn unterscheiden, daß sie überaus ungleiche Begriffe von dieser Glückseligkeit haben, das eine für das andere, das falsche für das wahre nehmen, und ihren Capricen ɾc. folgen, und daher ungleiche Mittel hervorsuchen ihren Besitz zuer=langen, indem ein jeder demjenigen Begriffe folget, den er von derselben hat.

Der Weise nennet sein höchstes Glücke in diesem Leben, die Vernunfft wol brauchen, und die Talente zu einem guten Endzweck aufwenden, welche sein Schöpffer ihm mit einer so freygebigen Hand geschencket hat, er siehet das Leben an wie eine Tragi=Comedie, welche nach den Gesetzen dieses Schöpffers das Theater öffters ver=ändert, er weiß wol, daß das Böse und das Gute einander von Natur folgen müssen, darum erhebet er sich nicht in der Freude, und betrübet sich nicht ohne Masse in dem Unglücke, schauet die Ehr-Begierde und den Geitz, welches die zwo Axen aller Bewegungen der übrigen Menschen sind, an, als närrische Eitelkeiten oder Schatten und Rauch, er lebet also von aller stoltzen Hoffnung und närrischen Furcht befreyet, und fusset eintzig auf die Gebotte seines Schöpffers und der gesunden Vernunfft, befleisset sich so viel in seinen Kräfften stehet, dieselben auszuüben, und belachet wie ein wahrer Democritus den Rest der Welt, ausser die ihm gleich sind. Die Mittel durch welche man auf diesen Grade der Glückseligkeit und der Weißheit kömmt, sind, die gute Auferzeuhung, die Conversation mit den Leuten von diesem Caractere, das Studieren der guten Büchern, die Erfahrung und das Meditieren.

Die zweyte Sorte der Menschen trifft in diesem Stücke sehr nahe mit den Klugen überein, daß sie sich um nichts bekümmern; ein Handwercks-Mann in seiner Werckstätte kan das Handwerck das sein Vatter ihn gelehrnet hat, arbeitet damit er Brod kriege, ißt es mit den seinen im Frieden, schläfft die Nacht ruhig, lebt im übrigen ohne Ehr- noch Gelt-Geitz, und ohne Furcht für das Künfftige; der Bauer machet es eben also ꝛc. aber er ist darinne von dem Weisen weit entfehrnet, daß er seine Vernunfft nicht auspoliert, allein arbeitet seine Haut zufüllen, einfältig und blind glaubt, was ihm der Doctor, den er gewohnet ist zuhören, vorgiebet, und sich also treiben läßt, wie eine Heerde Thiere von ihrem Hirten getrieben wird.

Die dritte Classe begreiffet Leute von allen Ständen und Orden, Gelehrte, Ignoranten, Theologos, Rechts-Gelehrte, Medicos, Philosophos, Kaufleute, Ehrbegierige, Geitzige, Wollüstige, Fanaticos, Schwermer - - Halt ein, Oh! die allzu grosse Zahl treibt mich aus dem Athem.

Alle diese Leute suchen ihre Glückseligkeit in dem stoltzen Ruhm, dem Besitz des Reichthums und andern eingebildeten Gütern; Dies hat seinen Ursprung von der schlimmen Auferzeuhung, zu welcher noch das Temperament und die Erfahrung kömmt. Ein Gelehrter, zum Exempel (oder der sich für einen solchen verkaufft) ergreiffet was sein Schulmeister gebiehret, und machet sich solche Begriffe, wie seines Vatters sind, er bauet darauf, stärcket sich darinne mehr und mehr, und bemühet sich alle Fälle und Begebenheiten mit seinem Systeme zuvergleichen, es seye möglich oder nicht; wenn über das sein Temperament, die Flatterie und die Selbst-Liebe, die allen Menschen so tieff im Hertze lieget, ihn Ehrgeitzig machet, so setzet er sein oberstes Glücke, daß er von einer grossen Menge Volck vor andern applaudiert werde; Der Geitzige, wenn er, so zusagen, mit der Milch den Samen des Geitzes gesogen hat, wenn sein Vatter ihm unaufhörlich den Nutzen des Reichthums prediget, daß ihm die Ohren davon wehe thun, und ihn die falschen oder wahren Exempel darinne stärcken, so glaubet er sich eintzig glückselig, wenn er ein ruhiger Besitzer eines Hauffen Goldes und Silbers ist, ꝛc. Aber ich will mich in dieser Materie nicht weiter herauslassen, noch die Frage machen, ob das Verlangen oder der Genuß die Leute von der letztern Classe glückseliger mache, oder lehren, wie man sich von allen denen falschen Principiis loß machen könne, ꝛc. das kan Materie zu einem andern Discours geben, ich füge dem gegenwärtigen nur noch einen Gedancken von dem berühmten Doctor S*** bey: This is the sublime and refin'd Point of Felicity, call'd the Possession of being well deceiv'd; the serene peaceful state of being a Fool among Knaves; Ich mache denn den Schluß, daß die grösten Weisen, und die grösten Narren die glückseligsten Menschen sind; Entschliesset euch, Leser, das eine oder das andere zuwerden, und bemühet euch je mehr und mehr den falschen Glantz einer betriegenden Glückseligkeit zuverachten.

Carl le Brun.
Horace le Blanc.

Zürich,
Bey Joseph Lindinner,
MDCCXXI.

XII. Discours. [Bodmer.]

Scribendi recte, sapere est & principium & fons.
Rem tibi socraticæ poterunt ostendere cartæ;
Verbaque provisam rem non invita sequentur.
Hor. in Art. Poët.

Wenn viele Leute verbunden wären von ihren Reden alles dasjenige abzuschneiden, was die gute Vernunfft nicht für gültig erkläret, wie stumm würden ihre Conversationen, und wie kahl würden ihre Schrifften herauskommen? Ich dächte, wenn allein diese Gattung unvernünfftiger Reden, welche unter einem generalen

Nahme Wort-Spiel genannt wird, aus den Unterredungen und
Büchern ausgemustert würde, daß alsdann manches Instrument der
Rede, welches jetzo keine Ruhe hat, schier zum steten Stillschweigen
würde getrieben, und manche Schrifft ihres einzigen Zierrathes beraubet werden. Ein Gemüth muß gewiß äusserst arm an Gedancken
seyn, welches gezwungen ist die **Materie** seiner Rede von der
Gestalt, dem **Klang** und den **Buchstaben** der **Wörtern**
zuentlehnen; nun thut das Wort-Spiel nichts anders, also daß
ich nicht weiß, wie es geschehen ist, daß auch in der Eloquentz berühmte Leute auf die Meinung kommen, dasselbe mache die Rede
schöner; denn die häuffigen Stellen, so ich davon in ihren Schrifften
finde, geben [M] mir Ursache zuglauben, daß sie in diesen Gedancken
stehen. Die Exempel, mit denen ich diese Blätter verschwenden will,
werden euch die Beschaffenheit und Verschiedenheit des Wort-Spieles
näher erklären, und zugleich bequem seyn für seine Abgeschmacktheit
euch einen Eckel zumachen.

    Ein jeder in der Welt gläubt, daß es sünde sey,
    Ein Häußgen anzustecken;
    Ein Hauß kömmt keinem Menschen bey;
    Dies sollte billig dich erschrecken,
    Und dennoch denckest du, indem du mich verletzt,
    Daß keine Straffe sey auf deine That gesetzt.
                                    Neukirch.

Der Poet raisonnirt mit einer Silvia, in die er sich verliebet, oder
damit ich mich mit der Poetischen Metaphora ausdrücke, die in seiner
Brust ein Liebes-Feuer angestecket hat; nun machet er ein Wort-
Spiel, indem ihm das Wort **anstecken**, an welches die zwo unterschiedenen Ideen gebunden sind, verliebt machen und anzünden, an
die Hande giebet, auf eine unerhört listige Manier zubeweisen daß
Sylvia eine Mord-Brennerin, und eine um so viel grössere Straffe
verdienet habe, als einer der Feuer an ein Hauß geleget hat, so
viel theurer ein Poet seye, den sie angestecket hat, als ein Hauß.

    Uber einen hochtrabenden Poeten.
    Die **Grillen** waren hoch, sie giengen in die Lufft,
    Und mit den Wolcken fort; dann kam ein böser Dufft,
    Da wuchsen Raupen draus. Kam dies von ohngefehr?
    Wer fraget noch, wo kömmt das Ungezieffer her?
                            Hunold in seinen Acad. Nebenst.

Das Wort **Grillen** ist es, welches diesen Einfall geborget
hat, indem es bald das Ungezieffer bedeutet, welches diesen Nahmen

führt, bald gewisse leere Expressionen, die wenig Witz aber viel
Worte haben, unter welche demnach ohne Zweiffel auch die Wort=
Spiele gehören.

Das folgende Wort=Spiel kömmt von eben demselben Autor:

Uber eines gewissen Frauenzimmers
überflüssigen Schmuck.

Kein Mägden ist befreyt von Schmertzen an dem Stein,
Der Kopff, Halß, Ohr und Brust muß Stein und Fleischern seyn;
Cleopatra verschlung die Perle dort in sich,
Hier aber fressen sie dein Capital und dich.

Das Sonnet, welches am 88sten Blatt des zweyten Tomes unter
den Hoffmannswaldischen stehet, und das gantze Gedichte, welches
in eben diesem Tome Bl. 136. gesetzet ist, sind lautere Wort=Spiele.
Das erste spielet mit dem Wort Englisch, welches so wol für den
Nahmen einer Nation, als auch für den Nahmen der himmlischen
Geistern genommen wird. Es fängt an:

Man sagt Celinde sey von Englischem Geblüte,
Ich läugne wahrlich nicht was aller Welt bekannt.
Es giebts uns sattsam kund ihr englischer Verstand,
Ihr englisch Wesen und ihr himmlisches Geblüte.   C. E.

Der Autor des andern hat seine Kurtzweile mit dem Wort Sommer,
welches der Nahme der Braut gewesen, der er Verse auf die Hoch=
zeit gemachet, denn er braucht es vermischt, bald in dieser Bedeu=
tung, bald in seiner eigenen.

Unsere guten Poeten Hr. Opitz, Hr. Canitz, Hr. Besser sind
äusserst sorgfältig gewesen diese Wort=Spiele auszuweichen, doch
haben sie auch [M 2] noch zur Seltenheit, ihr werdet bey den andern
in manchem Gedichte mehr antreffen, als in dieser ihren Schrifften
zusammen.

— — — Nicht weiß ich was ich soll
Mit deinen Eltern thun, die Mutter kenn ich wol,
Du bist der Juno Sohn. Viel wollen mir was sagen,
Es sey kein Vatter hier; sie habe dich getragen,
Nachdem sie an ein Kraut zustarck gegriffen hat.
Opitz in dem Lob des Krieges=Gottes, V. 25 u. d. f.

*   *   *

Euch tastet Ludwig an er hat sich viel vermessen,
Er dörffte sich den Tod an den Orangen essen.
Besser in der Danckfag. des Unter=Rh.

Er setzet Orangen nicht nur für diese Gattung Früchte, die also
heissen, sondern auch für den Fürstlichen Stamme von Oranien.
In des Hrn. von Canitz Poesien findet sich eines Bl. 71 von der
Freyheit.

Ein Baum wars nur ein Baum dran solche Früchte sassen,
Die dort der erste Mensch sollt unbetastet lassen,
Uns aber ist noch mehr zuhalten auferlegt,
Weil jetz ein gantzer Wald so viel Verbottnes trägt;
Wir hören überall Verführungs=Schlangen pfeissen;
Wir wollen hier und da nach fremden Aepfeln greissen.

Alle diese Wort=Spiele die ich bißher gebracht habe, sind von der
gleichen Gattung; eine andere ist, da eine kleine Veränderung oder
Verdrehung der Worten auf einen Einfall führet, so wie es geschicht,
wenn die Aehnlichkeit des Thones aus Hildebrand Höllen=
brand machet, und die Jesuiter in Esauiter verkehret, und in
den folgenden Exempeln.

— Wenn euch Willmann wird um euern Willen fragen,
So laßt ihm allezeit, man will, zurücke sagen.
               Neukirch.

Uber ein Coffe=Hauß.
Was folgt auf schwer Geblüte?
Kein ruhiges Gemüthe.
Und was hier auf Coffe?
Kopffweh.
               Menant.

Uber Cypern oder Cyprien, der Venus Vatterland.
Die Brunst entglomm in mir offt Cyprien zusehn,
Da stund ich, lag und saß, verlernete zu gehn.
Nun klag ich, hätt ich bald den Weg zurück genommen,
Hätt ich in Cyprien das Zippern nicht bekommen.
               Eben derselbe.

Diese beyden Gattungen des Wort=Spieles sind in den Ge=
sprächen des Pöbels sehr gemein, und überaus beliebt, sie sind das
Saltz seiner Reden, das zehende Wort ist ein solches Spiel, und
diejenige welche darinne geübt und fertig sind, passieren bey ihm für
aufgeräumte und geistreiche Köpffe; Er bedecket die garstigsten Ideen,
er sagt die ungerechtsten Stichel=Reden in einem Wort=Spiele, aber
er nennet es lustige Schertze, und wenn ihr ein wenig darauf Achtung
geben werdet, so werdet ihr vernehmen, daß allezeit ein lautes lachen

darauf folgen wird, ihr werdet hören daß es ein arger spitziger Kopff seye, der ein solches Wort=Spiele gemachet hat, das will in seinem Stilo sagen, er seye scharffsinnig und witzig. Der über ein Wort=Spiel nicht lachen könnte, würde in den Ruff kommen er wäre ein dummer Kerl, denn die Leute würden meinen, sein Stillschweigen rühre nirgend her, als weil er die Subtilitet des Aequivoci nicht verstanden habe. Meine Regel ist, je fertiger einer ist mit den Worten zuspielen, und je geschwinder ein anderer ist, ihm seine Genehm=[M 3]haltung zubezeigen, so viel weniger guten Witz hat der eine, und so viel unberedter ist der andere.

Ich komme auf eine neue Art des Wort=Spieles, welches durch= aus machinalisch ist, und an welchem die Vernunfft am wenigsten arbeitet, ich meine das Anagramma. Ihr wisset, daß die Worte in den Buchstaben sind, und daß der ungleiche Rang der Buchstaben ungleiche Wörter machet. Nun kehret und schiebet ein Liebhaber des Anagramma die Buchstaben eines Wortes oder mehrern so lange durch einander und in so viel Seiten, biß er ein ander Worte darinne findet, das etwas bedeutet. Also stecken in dem Wort AVGVSTVS diese zwey WAS GVTS, wie ein berühmter und geschickter Mann die Welt gelehrt hat.

AVGVSTVS hat mir schon vorlängst WAS GVTS geheissen.
Geb. berühmt. u. geschickter Män. St. XV.

Ich finde in dem zweyten Tome der Hoffmannswaldischen und anderer Deutschen Gedichten Bl. 130. ein Exempel, da eine gantze Zeile auf diese Manier zergliedert worden.

JOHAN VVOLGANG BEVVERDT
HELENE MARGVERITE LEHMANIN
Durch Buchstaben=Wechsel:
O Liebe! vermähl ihr Gemüth wol genau aneinander.

Zu Opitzen Zeit hat man die Anagrammata so hertzlich geliebet, daß er sich gezwungen gefunden, in dem lateinischen Discours, welchen er von der Verachtung der deutschen Sprache geschrieben, Exempel von deutschen Anagrammatibus zubringen, damit man sähe, daß dieselbe ihrer Schönheit nicht abhold wäre. Ein gewisser Scribent findet nicht nur Annehmlichkeit, sondern auch Krafft und Grund in dem Anagramma, denn er verknüpffet die folgende Sätze: Was durch Versetzung der Buchstaben herauskömmt, das wird geschehen; der Nahme dieses grossen Herrn *** heißt verseßet: † Glaub! uns Deutschen wirst du Ruh, aus Ungern Friede bringen; also wird dieser Herr *** aus Ungarn sieghafft zurücke kommen. Die Eteosticha, die Lippogrammata, die Boutsrimes, die Rondeaux, die Echo, verdienen allerseits ihre eigne Stelle unter den Wort-Spielen, weil sie das eine wie das andere die Gedancken nach den Worten zwingen, und ihnen die Vernunfft verrathen. Das Eteostichon suchet nicht eine lebhaffte Expression von einem gesunden Einfall, es hat ein V. oder ein X. vonnöthen zu einer Jahrzahle die es bemercken will. Das Lippogramma mustert nicht die falschen Gedancken oder die schwachen Wörter aus der Rede, es verbannet ein unschuldiges R. Die Bouts-Rimes, eine Erfindung der Franzosen, schreiben euch ein Blatt lauter Reimen vor, welche ihr mit Gedancken auszufüllen habet, die ihnen bequem sind.

— — — — Brücken
— — — — Sand
— — — — Brand
— — — — Stricken
— — — — Blicken
— — — — Stand
— — — — Land
— — — — Perrüquen
— — — — Zeitvertreib
— — — — Reichen
— — — — Schleichen
— — — — Leib
— — — — Stösse
— — — — Blösse

Sehet da die Hencker eurer Vernunfft, ihr müsset gedencken was sie euch lassen gedencken, nicht was ihr wollet. Wenn ihr die Mühe wollet nehmen das 80ste Blatt der ernsthafften Gedichten des Hr. Mencken nachzusehen, so werdet ihr daselbst finden, wie sich diese Reimen mit ihm vernommen haben. Das Rondeau ist nicht viel vernünfftiger mit seinen zween Reimen, und mit dem Sprunge, welchen es im Aufang machet, und in der Mitten, und zum Beschlusse wiederholet. Das Echo ist ein seltsamer Redner, ihr müsset die Fragen, die ihr an dasselbe thun wollet, also richten, daß allezeit das letzte Wort desselben sich wieder schicke, die Antwort zugeben.

---
† I. Tom. der Ged. vor Hoffmansw. u. and. Bl. 217.

Dieses wären also die gemeinsten und vornemsten Gattungen des Wort=Spieles; es giebet zwar noch andere, als das Acrostichon, die Parodie, ꝛc. von welchen ich doch kein Wort verliehren will, weil ich mir verspreche, daß diese genug seyn werden, sie euch kanntlich und zugleich häßlich zumahlen. Aber was urtheilet ihr von den Reimen, welche die Engeländer auch unter die Wort=Spiele zehlen? Was meine Gedancken über diesen Artickul seyen, will ich in einem eigenen Discourse entdecken.

Dem angelegen seyn wird dem Raht zufolgen, welchen Horace in denen Versen gegeben hat, die ich an das Haupt dieses Discourses gesetzet habe, der wird nicht lange warten müssen, wenn er reden oder schreiben will, biß ihn die Gestalt, oder der Thon eines Wortes an einen Einfall mahnet, er wird die Sachen bey sich selbst finden. Sammlet euch sagt er, vor allen Dingen einen Grund von schönen Wissenschafften, es ist nichts nothwendigers, wenn ihr wollet gut schreiben; ihr werdet sie in Socrates Schrifften antreffen, bekümmert euch nicht um die Expression, diese wird euch nicht mangeln, wenn ihr eure Materie wol werdet im Kopff haben.

Rubeen.

Zürich, bey Joseph Lindinner, MDCCXXI.

XIII. Discours. [Breitinger.]

Ut nemo in sese tentat descendere, nemo;
Sed præcedenti spectatur mantica tergo.

* * *

Cædimus, inque vicem præbemus crura sagittis:
Vivitur hoc pacto, sic novimus, ilia subter
Tecum vulnus habes: Sed lato baltheus auro
Protegit, ut mavis, da verba & decipe nervos.

* * *

Respue quod non es — — —
Tecum habita ut noris quam sit tibi curta suppellex.
Pers. Sat. IV.

Das künstliche Weltgebäude ist eine Academie, in welche der grosse Schöpffer den Menschen führet, ihn durch die Betrachtung der Creaturen, derselben Schönheit, Vollkommenheit und Ordnung, zu der Erkenntniß seiner unendlichen Natur, nach und nach vorzu=

bereiten. In dieser Absicht hat er dem Menschen eine vernünfftige Seele eingeflösset, die in dem Leibe nicht beschlossen bleibet, sondern sich in einem Augenblick über Erde und Lufft biß an den Sitz [N] der Sternen reissen, und den Lauffe der hohen Sonne unter sich stellen kan, vermittelst dieser himmlischen Krafft kan er die Wercke des unbegrieflichen Schöpffers wol unterscheiden und vernünfftig betrachten: Der bey sich selber bedencket, daß der mächtige Schöpffer dieses weitläufftige Gebäude der Welt, allein zu dem Gebrauch und Dienste des Menschen, so künstlich habe aufgeführet, der wird sich verbunden sehen, die Wercke GOttes nicht nur wie ein müssiger Zuschauer, oder wie die witzlosen Thiere anzugaffen, sondern seinen Verstand durch die Erforschung derselben zuschärffen. Es gebiehret sich in mir ein zartes Mitleiden, wenn ich sehe, daß diese Obligation von dem grösten Hauffen der Menschen zu ihrem äussersten Schaden aus der Acht gelassen wird, zumahlen sie dadurch sich der wichtigsten Freude, die sie in diesem elenden Leben zuhoffen haben, berauben, und ins Gegentheil den Anläuffen aller Wiederwertigkeiten bloß geben. Aus dieser Betrachtung bin ich schlüssig worden, meine Gedancken, von den Pflichten eines vernünfftigen Zuschauers der Wercken GOttes, in dieses und etliche folgende Blätter zusammenzutragen.

Die Wercke GOttes, welche den Menschen Materie zugedencken leihen sollten, sind von einer unermeßlichen Menge und Verschiedenheit; hingegen sind die Schrancken der menschlichen Vernunfft viel zu enge, als daß sie der Objecten eine so grosse Anzahl auf der Stelle fassen und begreiffen könnten; dahero wird erfordert, daß unser vernünfftige Zuschauer sich selbst eine gewisse Ordnung vorschreibe, die ihm eines derselben nach dem andern vor die Augen lege: Es ist ausser allem Zweiffel, daß einer, der nicht in den Wind arbeiten will, bey dem leichtesten und gewissesten den Anfang machen müsse; und die Philosophen wissen zusagen, daß derjenige, der sich selbst nicht betriegen wolle, ein gewisses und unverwerffliches Principium fest setzen müsse, auf welches er in dem Verfolge seiner Reflexionen, und in allen seinen Schlüssen fussen könne. Diesem zufolge ist die genaue Kenntniß seiner selbst das principalste, welches einem jeden Menschen zuuntersuchen oblieget, weil dasjenige, was ein jeder bey sich selbst empfindet, das gewisseste ist.

Der sich selbst will kennen lernen, muß genaue Achtung geben, auf alles dasjenige, was er bey sich befindet; das würckende Theil muß er von dem leidenden zusöndern wissen; er muß wahrnehmen, welches seine stärckste und regierende Passionen seyen; er muß ermessen, wie weit sich die Kräfften seines Verstandes erstrecken; er muß endlich die Gewalt, welche die Imagination [N 2] über seinen Verstand, über seinen Willen und seinen Cörper hat, eigentlich kennen.

Zu dieser Wissenschafft kan er gelangen, wenn er auf alle seine Thaten, sie dependieren gleich von dem Willen, von dem Verstande, von der Phantasie oder der Machine, genaue Achtung giebet; wenn er bey einer jeden Handlung ins besondere, den Anlaß, den Stiffter, die Manier und die Gänge desselben, samt dem Endzwecke bemercket; wenn er observieret, wie weit ihn diese oder eine andre Passion verleiten kan; wenn er ferners bey allen seinen Gedancken, auf den Ursprung derselben gehet, wenn er ihre Connexion fleissig betrachtet, und alle Umstände erwieget, die ihn so und nicht anderst zugebencken, determinieren; wenn er sich unterstehet eine Wahrheit, die von einem vernünfftigen Autor ausführlich ist erwiesen worden, selbst zuuntersuchen; wenn er seine Demonstration, mit derjenigen, welche ihm sein Autor vorweiset, vergleichet und denn seine Fehler und die Ursache derselben observiret; wenn er endlich auch die Capacitet seines Gedächtnisses auf die Probe setzet.

Je weitere und öfftere Schritte einer in dieser Prüffung seiner selbst gemachet hat, je besser wird er sich selbst bekannt seyn, er wird seine Schwäche und Stärcke auf das genaueste kennen, und sagen können, wie sich die eine gegen der andern abfinde.

Der mir verdencken wollte, wenn ich sage, daß diese Selbst=Erkenntniß von einem unbeschreiblich grossen Nutzen seye, daß sie uns zu vernüfftigen Menschen mache, und die wichtigsten Freuden geniessen lasse, der bilde sich nur einen Menschen für, der sich selbst verborgen ist, und sage mir dann, was er für Vortheile vor den unvernünfftigen Thieren geniesse.

Ein Mensch der sich selbst nicht kennet, weiß die Relation nicht, die er hat gegen seinem Schöpffer, die Selbst=Liebe verdecket ihm seine Gebrechen; seine Passionen reissen und stossen ihn ohne Wiederstande, er ist sich selbst niemals gleich, und lebet mit sich selbst nicht vergnüget; die Freuden die er geniesset, oder vielmehr sich selber machet, dauern nicht mehr als einen Augenblick, und werden von der traurigsten Melancholie begleitet; in dem Wolstande führen ihn seine Begierden ausser sich selber, in den Wiederwertigkeiten ist er gantz verzagt und kleinmüthig, er suchet die Stiffter seiner Unruhe allezeit ausser sich; er underfanget Sachen, die seine Fähigkeit oder Geschick= [N 3] lichkeit unendlich weit übersteigen, seine

Bemühungen sind ein beschwerlicher Müssiggang, weil er mit allem seinem arbeiten, lauffen und schwitzen nichts zuwegen bringet; er hat ein Werck, das ihm in den Kopff gewachsen ist, mit der grösten Begierde und Mühe verfolget, er hat es an seine Geburt gebracht, er bleibet stecken, und wird auf halbem Wege gewahr, daß er zu schwach und unvermögend ist dasselbe auszuführen; seine Imagination mahlet ihm erdichtete Gespenster und Larven vor, ab derer Anblick ihm das Hertze erkaltet, und die Schlosse der Lenden sich erschüttern, er fleuhet dieselbe und sie eilen mit ihm fort; In dem Umgang ist er stolz, eigensinnig, boßhafft und verwegen, er prediget ohne Bedacht sein eigen Lob, er ist ungestüm, er will das Wort allezeit alleine führen, er disputiret, er schäumet, er wirfft mit Scheltworten um sich, er weiß an dem ehrlichsten Manne was auszusetzen; der kluge Capito ist in seinem Kopff ein ungeschlieffener Kerl, der nicht zuleben weiß, und der gelehrte Fontejus passirt bey ihm für einen Erz-Pedanten.

Sehet da die lebhaffte Copie eines heßlichen Originales, und zugleich einen Charactere von dem grösten Hauffen derer, die sich Menschen nennen. Ich kan es Democriten nicht verübeln, daß er über den Thorheiten der Menschen das Maul versperret hat, wenn ich sehe, wie die Leute von ihren Passionen aufgezogen, wie sie gestossen und gewelzet werden, als ob sie blosse Machinen wären, die keinen Witz in dem Kopff haben; Ich finde keinen Unterscheide zwischen einer Machine und zwischen einem vernünfftigen Wesen, wenn es nicht der ist, daß jene von ihren Bewegungen und Thaten keine Empfindung noch Wissenschafft hat, da im Gegensatz dieses dieselbe genau und eigentlich kennet: Die Bewegungen einer Machine sind gezwungen, und dependieren von dem Willen eines andern wirckenden Wesens, und die Wirckungen, eines vernünfftigen Geschöpffes sind willkürlich und mit dem Wissen vergesellschafftet: Diesemnach ist die Kenntniß seiner selbst, das einige, welches den Menschen von denen übrigen Creaturen absönderet, je grösser die Erfahrung, die einer von sich selbst hat, je mehr Vortheile geniesset er vor den übrigen Geschöpffen aus.

Ich observiere endlich daß die Kenntniß seiner selbst und die Weißheit Synonyma sind, und daß weise Leute von den Narren alleine dadurch abgesöndert werden: der Narr flattiret sich selbst er seye weiß, der Weise hingegen weiß daß er ein Narr ist. Der am weitesten von der Weißheit entfernet ist, der wird den grösten Concept von seiner Capacitet hegen, da im Gegensatze je weitere Progresse einer in der Kenntniß seiner selbst gemachet hat, desto mehr Schwachheiten und Narrheiten wird er bey sich entdecken. Wenn ich gewahr werde, wie sich diese Narren, einer über den andern moquiret, so deucht es mich, ich sehe so viel russige Gäste an einer Taffel sitzen, von denen einer den andern auslachet, unwissend daß er selbst schwartz gemahlet ist.

Hannibal Carrache.

Zürich,

Bey Joseph Lindinner,
MDCCXXI.

XIV. Discours. [Bodmer.]

— — Nobis placeant ante omnia silvæ.
Torva Leæna lupum sequitur, lupus ipse capellam;
Florentem Cythisum sequitur lasciva capella;
Te Coridon o Alexi; Trahit sua quemque Voluptas.

Virg. Ecl. 2.

Die Vätter kennen ihre Kinder selten, sie halten allzu streng über ihrer vätterlichen Autoritet, sie spannen sie zuweit. An statt daß sie mit Weißheits-Gründen, und mit solchen welche die Religion an die Hande giebet, ihnen das Tugendhaffte und Gottselige recommendiren und anpreisen sollten, behalten sie die pedantische Manier eines Doctors, der gerne decisive gehet, und sich um die Gründe wenig bekümmert. Das ist weiß, das ist schwartz. Das sind zehen, das sind zwantzig. Dieses must du also nehmen, das anderst. Ich will es diesen Weg haben. Wie? du barffst mir wiedersprechen? bin ich nicht dein Vatter? habe ich nicht mehr Erfahrenheit als du junger Laffe? Sehet den Stile den mancher Vatter brauchet. Er hat keine Sorgfalt das Gemüthe seines Sohnes auszuforschen und zurecognosciren. Er pretendiert was [O] unbillig ist, desselben Inclination oder Hasse auf einem Objecte zufixieren, wo er es gern befehlen will, und für wol gethan ansiehet. Also regiert er desselben Auffführung nach seinem eignen Temperamente, das von des Sohnes so weit abgelegen ist; nach seinen eignen Absichten, die zwar öffters wol gefasset sind Geld zumachen, aber nicht klug zuwerden; nach seinen regierenden Zuneigungen und Begierden.

Die grosse Opinion, die ein solcher Vatter von sich selbst hat, erstrecket sich biß auf des Sohnes Meriten, die Begierde die er hat, sich selber angesehen, reich und groß zumachen, beherrschet ihn auch in Ansehen des Sohnes, und die Capacitet, die er sich selbst zumißt, in einer Sache glücklich zuwerden, verspricht er auch ihm. Dahero kömmt, daß so viel Eltern ihre Söhne auf die Universiteten schicken, ohne einige Betrachtung auf ihre Gaben oder Mängel zu= haben. Diese haben keinen Beruff vorzuweisen als die Ehrsucht eines Vatters, der in der Einbildung lebet seine Geburt dereinst Bischoff oder Landes-Raht zusehen, nicht anderst als ob es in seiner Macht stuhnde, das oder jenes aus ihm zumachen. Er ist dieser Bildhauer der Fabel, der mit sich selbst zu rathe gehet, was er aus einem Marmel wolle machen, einen Gözen, einen Tische, oder eine Banck?

> Que fera, dit-il, mon Ciseau
> Sera-t'il Dieu, table où Cuvette?
> Il sera Dieu.   La Fontaine.

Welcher betrachtet, daß kein Mensch in einer Situation glück= selig leben kan, in welche ihn nicht seine eigne Inclination gesetzet hat, wird die schädliche Wirckungen des Mißvernehmens zwischen Vättern und Kindern leicht zusammenzehlen, und ihre Zahl nur allzugroß finden.

Dieser gute Micio, welchen Terentius auf das Theater gestellet hat, ist geschickt solchen rauhen Vättern, die diese gebietende Manier der Auferzeuhung brauchen, Lectionen zugeben. Er verdienet, daß ihr ihn selbst von der Aufführung, die er gegen einen jungen Menschen gehabt hat, höret reden: *Ich habe ihn eintzig lieb, sagt er, ich bin äusserst sorgfältig, daß er mich hinwider liebe. Es ist nicht von= nöthen, daß ich meine Autoritet allenthalben anwende und einmische, ich begebe mich eines theils derselben. Ich habe ihn gewöhnet mir alles das zuvertrauen, was die jungen Leute in ihrer Hitze vor= nehmen, und gemeiniglich vor ihren Vättern verborgen halten: Denn der in die Gewohnheit kommen ist, und so verwegen worden, seinem Vatter Lügen vorzuschwatzen, und mit ihm betrüglich zuhandeln, der wird sich viel weniger ein Gewissen machen, andere Leute zuhinter= gehen. Das sicherste ist, daß man seine Söhne mit Gelindigkeit zu dem Billigen anführe, die Strenge thut niemahls gut. Man muß

---
* Terent. in Adelph. Sc. I.

ihnen ihre Ehre und Reputation vorhalten, man muß sie sich mit Freygebigkeit [L 2] und Lob=Sprüchen affectionirt machen. Die Autoritet ist fester welche auf die Güte, als welche auf den Zwang gegründet ist. Ich halte, der allein aus Furcht der Bestraffung fromm ist, läßt sich nur angelegen seyn, daß er dem Vatter einen Dunst vor die Augen mache; Hingegen derjenige, den wir uns durch Güte verbindlich machen, der gehet vertraulich mit uns um. Er bemühet sich unsere Gunst zuverdienen und uns zu gefallen, wir seyen bey ihm gegenwertig oder nicht.„

Ich finde viel guten Verstand und Frömmigkeit in dem folgenden Brieffe, welchen ein Sohn an seinen Vatter geschrieben hat, um ihm die Disposition seines Gemüthes bekandt zumachen. Ich wünsche, daß viele Kinder dieses Mittel ergreiffen, weil ich versichert bin, daß es zu ihrem Glücke nicht wenig beytragen würde. Das ist das Absehen, welches ich mit seiner Communication gehabt habe.

Mein Vatter!

Euer Wunsch ist mich glückselig zumachen, so ferne man es auf der Erde seyn kan; ich zweifle nicht an eurer vätterlichen Güte. Ich habe davon allzuliebreiche Zeichen. Nachdem aber unterschiedene Gemüther und Temperamente auch unterschiedene Neigungen haben, so kan ein gleiches Ding diesen Menschen glückselig machen, welches ein andrer ein Unglück würde heissen. Ein Stand kan meine Freude und mein Wolseyn machen, welcher einem andern würde den Tod beförderen. Es ist gewiß, daß der Humeur, die Religion, oder auch die Philosophie unsere Lust und Unlust auf eine Sache richten, weil wir verbunden sind nach ihrer Dictatur zuleben, also daß wir uns betrüben, wenn sie es befehlen, oder lachen, wenn sie wollen. Wenn ihr nun die so vätterliche, und für mich so vortheilhaffte Gedancken heget, mein Leben auf der Welt mir süß und angenehm zumachen, so ist vonnöthen, daß ich euch zuerste die Beschreibung meines Temperamentes und meiner Philosophie gebe, und euch daraus abnehmen lasse, was mein Leben vergnügt und ruhig machen könte, mit kindlichem ersuchen, daß ihr mir die Hande wollet bieten, mich auf das gewünschte Ort meiner Fortunen zuführen. Ich bin von Natur still, tiefsinnig, traurig, zuweilen melancholisch, träg mit dem Cörper, aber lebhafft mit Gedencken; Ich habe wenig Ehrgeitz, und keinen ungestümen Affecte. So gestaltes Temperament hat mich auf ein eiffriges Meditiren der Philosophie angetrieben; ich habe gelesen, ich habe gefunden, und festgestellet, daß die Vernunfft schwach und

blöde, die Begierden mächtig und unvergnügt, daß die Pracht, der
Pomp und die Ehre ein Schatten; daß die Freude klein und kurtz,
der Schmertze groß und dauerhafft, daß die Tage ein Moment, ꝛc.
Wie [O 3] mancher hat das schönste Projecte formiret, von welchem
er überzeuget ware, daß es ehrlich, nützlich, und den Pflichten eines
Menschen gemäß, daß er ohne Straffe, ohne andrer Leuten und
seinen eignen Nachtheil sich nicht entschlagen könte, dasselbe aus=
zuführen, aber sein guter Willen lage unten, und boge sich unter der
Last der Passionen welche ihn drückten. Ich habe Leute gesehen,
welche das Glück auf die oberste Spitze der Hochheit gleichsam mit
der Hande geschoben, und mit eben derselben wieder in die schand=
lichste Niedrigkeit gestürtzet hat; ich habe andre gesehen, welche an
Pracht, Kostbarkeit, Lob=Schrifften, Freunden, Dienern einen Über=
fluß hatten, und doch ohne Tugend und Verdienste gelebet, von
einem niedrigen, ungerechten und unwirschen Gemüthe; Dasjenige
von dessen Besitze ich mir selbst die gröste Ergetzung versprochen,
ware öffters nicht fähig mich lachen zumachen, wenn ich es erlanget,
die Hoffnung machte mir grössere Freude, weder der Genuß, ich
bekame kaum eine Freude, ohne einen Zusatz von Bitterkeit; Der
Schmertzen hingegen ware unerschöpfflich, meine Machine morsch und
baufällig, der Verdruß den ich theils mir selbst machte, theils von
andern empfienge, ohne Ende; Die Menschen under welche Espece
von Creaturen ich gehöre, haben vor hundert Jahren, die meisten
auch vor fünffzig noch nicht existiret, und keiner ist sicher, daß er
Morgen noch auf der Erden leben werde. Die Philosophie führte
mich ihres Ortes zu der Religion, da entdeckte ich die Großmächtig=
keit der obersten Intelligentz, die Menge und Abscheulichkeit der
Sünden, das schwere Werck der Buß, die höllische Straffe. Die
Eitelkeit der Welt=Geschäfften, wenn ich sie in meinem Kopff über=
schluge, tödete den Rest meiner Ambition, sie erleidete mir die Sorgen
und die Arbeit, sie nahme mir alle Thätigkeit die ich noch übrig
hatte. Ich ward ein Misanthrope; Und die Religion zoge mich auf
das Künfftige und Ewige. Sie will daß ich eintzig meine Application
richte GOtt zudienen, mein Heil zuwircken, und eine unwandelbare
Glückseligkeit zuerhalten. Dieses Vornehmen das ich gefasset habe,
die Sorgfältigkeit für das Zeitliche dem Künfftigen, das ewig ist,
nachzusetzen, machet, daß ich die grossen Gesellschafften für lauter
Verhindernissen ansiehe, welche mir mich selbst rauben, und dem Willen
andrer Leuten untergeben. Ich seuffze nach der stillen Einsamkeit,
ich wünsche nichts mehrers als ein Häußgen, ein Stücke Feld, einen

kleinen Garten: ach daß mir erlaubet wäre mein Leben auf einem schlechten Dorffe ferne von dem Tumult der Stadt zuendigen, daselbst lebte ich bey mir selbst, undependirend von andrer Menschen Caprice; Ich speculirte, ich dienete GOtt. Warum sollte ich mich dorten nach der Stadt sehnen, ich werde traurig über ihre magnifiquen Thorheiten? Warum sollte ich die Conversation meiner Bürgern verlangen, sie haben mich tausend mahl eingeschläfft? Die meisten führen andere Maximen des Lebens weder ich. Ich will lieber mit einem Freund auf einem einsamen Felde lachen. Die Brieffe meiner wenigen Freunden und die guten Bücher sind die Subjecta, derer Conversation ich liebe. Mein lieber Vatter, wenn ihr euch bereden liesset, daß ihr mir die Hande gäbet, mich nach dem Ziele meiner Wünschen zubringen, so würde ich euch nicht allein mein Leben, sondern auch mein angenehmes Leben zudancken haben, und die Ursachen verdoppelt finden, welche mich obligiren, daß ich mich mit dem Respect eines Kindes nenne

   Mein Vatter
    Euern gehorsamsten Diener
      Bernhielm.

        Albrecht Dürer.

   Zürich,
  Bey Joseph Lindinner,
   MDCCXXI.

XV. Discours.   [Breitinger.]

    An nondum est talos mittere lassa manus?
       Propert. L. 2, Eleg. 33.

MAn hält es den kleinen Kindern zu gute, daß sie ihre jungen Geschäffte inner die Circel etzlicher weniger Spielen einschliessen, weilen sie aus Mangel der Vernunfft nicht geschickt sind, wichtigere Dinge zuverrichten; Im Gegensatz würde ein Mann, das ist, ein solcher, von dem die Leute einen Begriff haben, er wisse seine Vernunfft zugebrauchen, sich zum Gelächter machen, wenn er entweder auf dem Stecken reiten wolte, oder mit den Docken und Poppen der Kindern die lange Weile abzukürtzen suchte: Sehet da, würde es heissen, wie dieser alte Jeck so närrisch thut! ist er denn seiner Sinnen beraubet? oder in dem Sommer seines Lebens schon erkaltet und ein Kind worden?

Ich kenne eine gewisse Art Menschen, die sich keine Narren düncken, welche ihr gröstes Plaisir darinne suchen, daß sie rothe [P] und weisse Steine auf einer Taffel rangieren, und nach gewissen Satzungen heben und versetzen, welche die vielen oder wenigen Augen zweyer beinerner Würffeln vorschreiben, biß diejenige Parthey, welcher dieselben gewogen sind, daß sie die erste ihre Steine auf den be= stimmten Ziel=Platz in die Ordnung stellet, ein gewisses Stück Geld davon krieget, welches ihr die andere auszahlen muß; oder sie bringen ihre beste Zeit damit zu, daß sie sechs und dreyssig fantastische Figuren so lange durch einander mischen und unter sich vertauschen, biß das Glück durch die gute oder schlimme Zusammenfügung derselben dem einen etzliche Groschen nimmt, und dem andern zutheilet. Diese Art von Narrheit hat sich durch ihr Alter und die Gewonheit bey den Leuten in einen solchen Credit gebracht, daß derjenige den Titul eines melancholischen Narren, oder eines Misanthropen davon krieget, der seine Vernunfft nicht unter das Joche dieser gerechtfertigten Gewonheit beugen will. Dieser närrische Müssiggang hat sich mit der Zeit mercklich vermehret, und vermehret sich noch täglich, um so viel die Anzahl derjenigen anwachset, welche ihre Vernunfft ins Stecken gerathen, oder gar untergehen lassen.

Wenn ich diese Leute in einem so mühesamen Müssiggang schwitzen sehe, so bin ich fertig den Schluß zumachen, derjenige müsse eine niedrige Seele haben, der einiche Freude aus dieser unvernünfftigen Bemühung schöpffen kan. Ich bin ausser der Gefahr, daß mein Schluß ungerecht seye, oder daß ich mich übereilet habe, weilen es eben der= jenige ist, den sie selbst machen, so offt sie alte Greisen sehen auf dem Stecken reiten, oder hölzerne Poppen küssen, massen bey der Verrichtung der einen so wenig Witz und Verstand regieret, als bey der andern ihrer: Beyde sind Objecte meines Gelächters.

Ich stehe in den Gedancken, daß dasjenige Spiel mit den Carten, welches man das Böten=Spiel nennet, die Erfindung eines klugen Kopffes seye, der eben dadurch zuverstehen geben wollen, die Leute, welche in dem spielen ihre Freude suchen, machen sich des Tituls der Menschen unwirdig, und seyen nicht besser, weder die Thiere; in der That, der verdienet in meinem Kopff den Nahmen eines

Menschen nicht, der zwar aus Leib und Geist zusammengesetzet ist, dabey aber allein mit dem Leibe arbeitet, und mit dem Geist unthätig ist, oder der solche Geschäffte thut, die mit der Dictatur der Vernunfft streiten, und dieselbe unterdrücken. Erst demjenigen gehöret nach meiner Definition das Prædicat eines Menschen mit Recht, der seine Geschäffte nach der Vorschrifft seiner Vernunfft, und den Gesetzen seines Schöpffers, welche [§ 2] der Vernunfft nicht zuwieder sind, einrichtet.

Ich glaube, daß es nicht ausser dem Wege seyn werde, wenn ich hier den Tour beyrücke, welchen ehemahlen der scharffsichtige Engeländische Philosophe Johann Locke in der Compagnie vornehmer Spielern glücklich und mit Nachdruck angebracht hat.* Derselbe ware, nebst etzlichen vornehmen Herren bey dem Mylord Ashley, Grafen von Shaftesbyry zusammenkommen, nicht so wol einiche wichtige Geschäffte abzuhandeln, als um sich mit einem Gespräche zuergötzen. Nach einigen Complimenten, ward eine Carte zum spielen hervorgebracht, ohne daß man eine sonderliche Unterredung gehalten hatte. Locke gabe eine Zeit lang einen Zuschauer des Spiels ab, hernach langete er seine Schreib-Taffel aus der Taschen, und fieng an, etwas mit einer ernsthafften Mine zuschreiben. Einer von diesen Herrn ward es gewahr, und begehrte zu wissen, was er verzeichnete. Der Philosophe versetzte: Mylord, ich will so viel ich kan, und es möglich ist, ihre Compagnie mir zu nütze machen; denn nachdem ich bißhero mit der grösten Ungedult die Ehre erwartet, mit so verständigen Leuten umzugehen, und jetzto dieselbe erhalten habe, so bin ich sorgfältig gewesen, ihre Unterredungen aufzuschreiben, und ich habe allhier den Innhalt desjenigen, was bereits binnen zwey Stunden ist geredet worden, in der That aufgezeichnet.

Diese Herren wurden von einer billigen Schamröthe darüber betroffen, sie legten die Carte auf der Stelle weg, und brachten den Rest des Tages mit einem klugen Gespräche zu. Dieses ware ein kluger Streich, der diese vornehme und gescheide Herrn so unvermerkt ihrer Thorheit überführet, und zu dem Gebrauch der Vernunfft gebracht hat. Aber nicht jederman ist fähig seine ungestüme Neigung für das Spielen einzuhalten, so bald man ihm zeiget, daß es eine kindische Schwachheit ist, und ich observiere hier, daß diejenige, welche am wenigsten Witz und Vernunfft in dem Kopffe haben, die gröste Passion für das Spielen tragen: Wer klug ist, und selbst gedencken

---

* Johann le Clerc in seiner auserlesenen Bibliothec, Tom. VI, Bl. 357.

kan, der wird vernünfftigere, nützlichere und lüstigere Zeit-Vertreibe oder Divertissements finden, wie an einem andern Orte weitläufftiger soll gezeiget werden. Wenn ich nun nach dieser Anmerckung von unserm Frauenzimmer urtheilen will, so bin ich wieder meinen Willen genöthiget zusagen, daß sie sich durch die Passion für das Spielen verrathen, wie sehr sie die Vernunfft [P 3] mißbrauchen, welche sie allein angenehm machen könte. Ich will aus Liebe gegen dieses artige Geschlecht, noch zum Beschlusse einen Brieffe beyrücken, der sie ein Geheimniß lehren wird, welches ihnen bißher unbekandt gewesen. Ich darff mich nicht fürchten, daß ich mich betriege, wenn ich hoffe, es werde manche sich dadurch bewegen lassen, die Neigung zu dem Spielen zuunterdrücken.

Herr!

Ihr kennet mich und wisset, daß mich meine Philosophie über das Capitul von der Ehe sehr delicat gemachet hat; Meine Absichten sind von den Absichten des Pöbels weit entfehrnet, ich suche allein meine Freude dadurch zuverdoppeln, und den Schmertzen, der mich überfällt, zuverringern. Die schöne Emilie ist es, welche mir durch ihre kluge Aufführung das Hertze gestohlen hatte; ich liebete sie so inniglich, daß ich mich entschlossen hatte, sie zuheyrathen, ungeachtet sie von einem geringen Herkommen ist, und keinen grossen Reichthum zuerwarten hat; so offt ich den Anlaß gekrieget mit ihr umzugehen, bekame meine Liebe, die ich gegen sie getragen, an dem Ende unsrer Conversation einen neuen Zusatz, ich gedencke niemals an diejenige Stunden zurücke, welche ich bey ihr verbracht habe, ohne daß mir ihr Verlust neue Schmertzen mache; und ich geniesse noch öffters in meiner Phantasie das Plaisir, welches ich manchmal aus Emiliens Umgange geschöpffet habe. Es sind etzliche Monate verlauffen, daß sie sich bey mir in den Verdacht gesetzet hat, ihre gantze Conduite seye eine blosse Verstellung; von der Zeit an ware ich bemühet sie besser kennen zulernen, und sie in einer solchen Situation zusehen, da sie die Larve abgeleget hätte, und in ihrem natürlichen Ansehen erscheinen würde: Mittlerweilen fügete es das Geschicke, daß ich die Ehre haben konte, meine Passion für Emilien, und denjenigen Umstand, der mir ihre Aufführung verdächtig gemachet hat, euch zuentdecken. Ihr waret fertig, mir den Unterrichte zugeben, ich könte sie am besten auf die Probe setzen, wenn ich sie durch das Spielen versuchen würde; Ich habe euerm Einrathen gefolget, und sie bey letzterm

Anlaſe zu einem Piquet beſchwaҙt, welches das einҙige iſt, ſo mir
ſeit den Tagen meiner Narrheit noch bekandt iſt; ich brauchte alle
Streiche, ihre Paſſion vor das Spielen zureiҙen, und ſie konte
endlich nicht mehr wiederſtehen, ſie gabe ſich bloß; da konte ich
wahrnehmen, daß ſie nicht bequem wäre eine dauerhaffte Freundſchafft
einzugehen; meine Liebe für ſie löſchete aus, und ward unter die
Aſchen vergraben; ich machete ohne anders meinen Abſcheid mit dieſem
kalten Complimente: Emilie, ich habe das Glück meinem
Freund dem Hrn. Zuſchauer zubancken, daß ich euch kennen
gelernet habe. Ich mache euch, ꝛc. und unterſchreibe mich, ꝛc.

Charino.

    P. S. Ich lebe dießmalen mit meiner Eudoxa vergnügt: Sie
iſt eine abgeſagte Feindin von dem Spielen.

Albrecht Dürer.

Zürich,
Bey Joſeph Lindinner,
MDCCXXI.

XVI. Diſcours. [Bodmer und Breitinger.]

Rideo hunc: primum ait ſe ſcire; is ſolus neſcit omnia.
Ter. Ad. Act. 4. ſc. 2.

Es ſind Leute, welche glauben, daß die Glückſeligkeit an das
viel Wiſſen gebunden, und nichts ergeҙenders ſeye, als ſo
genannte neue Wahrheiten erfinden. Ich darf hier ſagen, daß die
Meinung dieſer Secte, die groß und zahlreich iſt, und nicht ſo neu,
als mancher meinen möchte, der Pedanterie den Urſprung gegeben
habe und ſie noch heut zu Tag ſtüҙe und unterhalte.

    Dieſelbe iſt es, welche die Leute überredet hat, daß ſie die
Meriten einer Perſon nach ihrem Wiſſen abmeſſen müſſen, und welche
die ſchädliche Mode aufgebracht, daß man eher fraget, wie gelehrt
einer ſeye, als wie klug und redlich? Und daher iſt hernach kommen,
daß die Leute, welche ſich von andern unterſcheiden, und für quali=
ficiert paſſieren wollen, ſich mehr gehütet, daß man niemals von ihnen
ſage: Er hat es nicht gewußt; oder, er hat es nicht verſtanden; als:

Er hat betriegerisch gehandelt. Also hat ein solch blödes Gehirn, daß den elenden Stoltz gehabt hat, den Ruhm eines Gelehrten davon zutragen, die Gewohnheit angenommen, sich Wissenschafften zuzuschreiben, und von sich zurühmen, die es nicht besaß, und die öfters keine waren; Und durch die [O.] vielfaltige Wiederholung von seinem Wissen, sich zuletzt selbst überredet, was es ohne Grunde andern weiß machen wollen, es wisse etwas, was ihm doch am minsten bekandt gewesen. Von diesem Wahn, in dem ein stoltzer Mensch stehet, daß er Sachen wisse, von denen er kaum eine geringe Kenntniß hat, und die ihm die meisten mahle gantz unbekandt sind, hat nun die Pedanterie ihr volles Wesen; denn derselbe machet ihn, der zuvor schon ungedultig ware, sich in den Ruffe eines gelehrten und erfahrnen Mannes zubringen, anbey so verwegen, daß er jedermann, bey allen Gelegenheiten, ohne Betrachtung der Zeit, des Ortes und der Personen, seine vermeinte Wissenschafft erzehlet, und seine Capacitet, die er sich selbst eigen zuseyn glaubet, mit den Worten, den Wercken, der Stellung und allen Geberden vorleget; welches der kurtz-gefaßte Caractere der Pedanten ist.

Man giebet gemeiniglich diesen Titel nur denjenigen, welche sich unbegründet für Gelehrte ausgeben, und hundertley Affenwercke machen, bey dem Pöbel Glauben zuerhalten; Man wird mir erlauben, daß ich diesen Nahmen in einem weitläufftigen Verstande nehme, und damit alle diejenige belege, welche aus ungegründetem Wahne eine Capacitet oder Geschicklichkeit simuliren, die sie nicht haben, es sey in einer Scientz, in einer Profession, in einer Kunst, oder in einem Handwerck. Ich finde Pedanten unter den Studirenden, unter den Kaufleuten, unter den Räthen, unter den Schustern, selbst unter dem Frauenzimmer; und ich bin geschwinde, so offt ich einen sehe, der die folgenden Thorheiten thut, denselben unter diesen Hauffen einzuschreiben.

Ein Pedant mischet sich ein von allem zureden, was ihm aufstößt, er urtheilet von dem Preiß der Sachen, von göttlichen und weltlichen Dingen, von den Predigten, von den Büchern, von andrer Leuten Bezeigen mit einer unverschamten Verwegenheit, denn er hat keinen andern Beweise von seinem Urtheil als dieses: Ich habe es von einem vornehmen Orte; es gefällt mir nicht; du bist ein Narr, wenn du es nicht so fassest. Er erhebet niedrige und nichtswirdige Sachen, wenn sie von ihm abfliessen, und verachtet etwas grosses und schönes, das von der Geschicklichkeit eines andern Anzeige giebet; er redet spöttisch von den berühmtsten Männern; er lobet selten

etwas, und wenn es geschicht, so thut ers mit einem boßhafftigen
Lächeln; wenn ihr ihm saget, daß ein gewisser Mann etwas schönes
gesagt oder erfunden hat, so wird er die Frechheit haben, zusagen,
daß er dasselbe lange zuvor gewußt, und in einem gewissen Autor
gelesen, dessen er sich nicht mehr erinnere. Er saget niemals: Es
düncket mich; sein Sprichwort ist, das Ich weiß es nicht, sey e
die Antwort der Eseln. Er redet decisive wie ein Dictator; er
begleitet die ärmsten Bagatellen mit ernsthafften Grimacen; er unter=
wirfft seiner Censur die vortrefflichste Sachen, damit man meine,
er könne es besser machen; er wird die geringste Fehler der andern
hoch aufmutzen, und sie eines dumm=kühnen Stoltzes beschuldigen,
daß sie etwas unterfangen dörffen, welchem er allein gewachsen
gewesen; er beklaget sich, daß ihm die Obrigkeit [O 2] nicht eine
Pension ordnet, ihn anzufrischen, seine Entdeckungen zum Dienst des
gemeinen Wesens publiq zumachen; er verspricht güldene Berge, und
hält nicht eines Hällers werth. Er wird euch für einen Unerfahrnen
ausschreyen, wenn ihr die gewohnliche Gebräuche nicht genau observiret,
und euch ihren Formuln nicht mit einem blinden Respect und einer
völligen Gelassenheit untergebet. Er erzörnet sich, wenn ihr euch
stellet, daß ihr ihm nicht glaubet; er kan nicht leiden, daß ihr ihm
in die Rede fallet, wenn er gleich nichts thut als repetiren; er wird
suchen, euch schwartz anzuschreiben, wenn ihr über etwas mit ihm
uneinig seyt, und euch einer unverantwortlichen Unwissenheit be=
schuldigen; wenn ihr ihn tablet, und ihm Fehler weiset, so wird
er euch Schmähe=Worte anwerffen; er wird von der vorgefaßten
Opinion sich weder durch deutliche Gründe, noch durch eine allgemeine
Zusammenstimmung abbringen lassen; er wird niemals sagen, daß
ihm die Geschicklichkeit, oder die Kunst gemangelt hat, etwas aus=
zuarbeiten, er wird sich entschuldigen, daß er die Zeit nicht gehabt,
oder daß er die Mühe nicht nehmen wollen; er will allein gehöret
und allein gelobet seyn. Er wird suchen sich durch besondere Manieren,
die er von berühmten Leuten nachahmet, in eine Vergleichung mit
ihnen zusetzen; er wird sauer sehen, wenn ihr ihm nicht einen
prächtigen Titel gebet, und demüthige Complimente machet; er wird
sich mit andern Pedanten verstehen und verbinden, daß sie einander
bewundern und unterstützen wollen, um einen andern, der klüger
ist, mit Geschrey zubetäuben, und irre zumachen; wenn ihm die
Sorge der Auferzeuhung oblieget, so wird er fleißig acht haben,
daß er die Superioritet im Wissen behalte, und seinen Untergebenen
alle Mittel abschneide, durch welche sie ihn übersteigen könnten.

Diese gantze Conduite giebet mir den Pedanten zuerkennen, weil ich sehe, daß der Mensch, welcher sie führt, keinen andern End= zweck hat, als mich auf seinen Wahn zubringen, daß er gelehrt und erfahren seye; mir die Augen zuverkleistern, und mich um eine Lob= Rede zubetreugen.

Wo man list die Staats=Zeitungen; er reglirt die Bewegungen der Czarischen Armee; er sitzet in dem Divan des Türckischen Sultans, er hilfft ihm die Allianz mit dem Frantzösischen König schliessen; er stellt dem Pretendent eine Armee auf die Beine; er führt sie in die See, und landet in Schottland an, wo er unter dem Zu= jauchzen des Volckes empfangen wird; ihr dörffet nicht daran zweifeln, ihr habet Woman zum Bürgen, der zwar keinen Fuß ausser das Land seiner Mutter gesetzet, aber mehr gesehen, als Leisten schneiden; er corrigirt die Obrigkeitliche Mandate, und schwatzet in seiner Werckstätte von den Ordnungen, welche die Vätter des Landes zu desselben Wolseyn gerathen haben; er hat einen gelehrten Mann darüber critisiren gehört, und wiederholet es. Er ist ein Pedante; und hat einst* ein Kind ersauffen lassen, das in einen Bach gefallen, und sich eine Weile an dem Aste eines Saarbaumes, der über ihm hienge [O 3] gehalten, indem er verweilte es zuretten, und ihm die unzeitige Lection gabe: Ho! der kleine Schelm! sehet, wohin ihn die Narrheit gestürtzet hat! wer will solchen Vögeln gnug hüten? wie unglücklich sind die Eltern, die allezeit für diese Buben in Angst und Kummer leben? ich beklage sie hertzlich.

Die Jgfr. Cleria ist eine kleine Pedantin, sie kan nicht vertragen, daß ihr an ihrer Stick=Arbeit etwas aussetzet; sie wirfft Frantzösische Wörter in ihre Rede, welche sie radebricht, und unrecht appliciert; sie läßt sich einen Menuet auffspielen, und tantzt einen Gassenhauer; sie lehret die Complimente aus Menantens Manier höfflich zuconversieren, und aus seinen Romanen auswendig; sie machet den Männern gütige Minen, und giebet ihnen freundliche Worte, damit sie sie loben, und ihr erlogne Douceurs vorschwatzen; sie ist garstig, und will für eine rare Schönheit passieren; sie hat mit Giulio gebrochen, welches die beste Parthie für sie ware, weil er im Schertze zu ihr gesagt, ihre Nase seye etwas groß.

Unter allen Pedanten kömmt mir keiner so lächerlich für als der gelehrte Charlatan Afranius. Wenn ich im Humeur bin zulachen, so lese ich nur den Caractere eines Pedanten, welchen der Bernerische

---

* La Font.

Professor Hr. Lauffer in seiner politen Dissertation von
dem rechtschaffenen Gelehrten gemachet hat, wo ich Afranius
nach der Natur abgeschildert finde, als ob er es wäre, welchen dieser
Autor vor den Augen gehabt.

Afranius hat studiert, damit er gelehrt, nicht damit er klug
werde; und er ist in dem Wissen so weit fortgegangen, daß ihm heut
zu Tag nichts mehr verborgen ist, wenn ihr ihm glauben zumesset.
Proponiret ihm die schwerste Frage, von welcher die berühmtsten
Männer ihr Urtheil hinterhalten haben, so wird er euch eine lange
Weile davon schwatzen, er wird Abtheilungen hinter einander machen,
und euch die Wahrheit mit den Händen greiffen lassen, wie er
zureden pflegt. Er schlägt ein Avertissement an die Eckhäuser der
Scheid=Wegen, und an die Porten der Stadt, und verspricht daß
er von der Lullianischen Kunst, von der Alten Manier die Bärthe
zuschären, von ihrer Dinten, von der Figur der Stral=Steinen, 2c. 2c.
Wahrheiten entdecken wolle; Er zeucht die Zeichen seiner Würde an,
und steiget auf ein erhabenes Gerüste, wo er sich pflantzet, und das
Auditorium mit einer resoluten Minen überzehlet; er reuspert sich,
er streicht den Barth, er schwatzet zuerst leise, und nach und nach
erhöhet er die Stimme, und beweget die Zunge mit einer wunder=
samen Geschwindigkeit, er genßt Wörter aus, wie einen Strohm;
er weltzet sich, er drehet den Halß, er verkehrt die Augen, er strecket
die Arme aus, er schlägt mit dem Fuß wieder den Boden, er giebet
sich Stösse auf die Brust, in die Seiten und an die Stirne; er
ruffet, er pfeiffet, er schreyet, er schwitzet; er machet Absprünge auf
die Milchstrasse, welche ihm so wol bekandt ist, als die Gasse seiner
Maitresse; er zehlet ihre Sternen mit mehr Gewißheit, weder seine
Schillinge. Er ist nicht zufrieden daß er hier ungestöret plaudern
kan, er lehret die Bauren auf den Kirchweihen, daß sie bißhero
Narren gewesen, indem sie geglaubet, sie sehen die Sonne alle Morgen
über ihren Häuptern aufstehen, und einen grossen Spatziergang um
den Kreiß der Erden machen; daß sie ins künfftige glauben müssen,
wenn sie nicht für dumme Ochsen wollen gescholten werden, die
Sonne welche der gröste Cörper seye, weiche keinen Schritt von ihrer
Stelle, sondern die Erde auf der wir gehen, drehe sich um dieselbe
herum; krieget auch öffters von ihnen Stösse, welche nicht leiden
wollen, daß ihre fünf Sinnen sie betriegen.

Afranius ist bleich, halb blind, er richtet die Stirne in hundert
Falten, er befleisset sich den Kopff hengen zulassen, und niemand
richtige Antwort zugeben, als wenn er sich in dem Meditieren

vertieffet hätte; die Wahrheit ist, daß er in der Phantasey den
Nahmen des neuen Papstes zergliedert, und die Zahlen 666. auf=
suchet; er suchet Beweise, daß die Pfältzer von den alten Galater
genannt worden; Er will sich unsterblich machen, darum schreibet
er ein Buch, vor welches er eine grosse Rubric setzen läßt: Manier
ohne Kopffbrechen gelehrt zu werden, ꝛc. Wenn ihr die
Neugierigkeit habet, es aufzuschlagen, so wird euch auf dem ersten
Blatt die Figur des Hochg. Herrn Autors in das Gesicht fallen,
welche er zierlich in Kupffer graben lassen, und mit einem Distichon
begleitet hat, worinne er der Sonne verglichen wird. Er macht die
Dedication an einen Grossen, mit dem Complimente, daß er auf
keine andre Weise die tieffe Danckbarkeit für die hohe Patronantz,
welche er von seiner Excellentz genossen, an den Tag legen können,
als mit Zuschreibung eines Buches, welches auf die entfernteste Nach=
welt passiren werde. Hernach folget die Vorrede an den Hochge=
neigten, Hochgeehrten, Hochgeehrtesten Leser, welchen er mit süssen
Titeln und Schmeichel=Worten kitzelt, und zu Vorurtheilen in seinen
Favor locket. Hinter denselben stehen zween Bögen von Gratulations=
Gedichten, welche er von seinen Mitbrüdern der Pedanterie erhalten
hat, und wo er subtilis, mirabilis, resolutus heisset.

Hans Holbein.

Zürich, bey Joseph Lindinner, MDCCXXI.

XVII. Discours. [Breitinger.]

Strenua nos exercet inertia; navibus atque
Quadrigis petimus bene vivere: quod petis, hic est.
Horat. Libr. I. Ep. XI.

Wenn ich auf die unendlich vielen Bewegungen und die so under=
schiedene Geschäffte der armen Sterblichen genaue Achtung
gebe, so werde ich gewahr, daß diese alle überhaupt gleiche Absichten,
und eben denselben Zweck haben. Die Menschen sind alleine be=
mühet, sich selbsten geruhig und glückselig zumachen; dieses Ziel
verfolgen sie mit der äussersten Gedult, Mühe und Sorgfalt, wiewol
auf ungleichen und underschiedenen Wegen. Der gröste Hauffen der

Menschen läßt sich von dem eiteln Wahn verleiten; sie stehen in der gäntzlichen Beredung, wenn sie die Begierden ihres Hertzens, die ihnen die gröste Unruhe und Schmertzen verursachen, befriediget haben, so werden sie ungehindert in dem Hafen der Glückseligkeit einlauffen: Sie sind nicht gewohnet, ihre Zufriedenheit in dem Gemüthe und bey sich selbsten zusuchen; Sie observi=[R]ren auch nicht, daß ihre Triebe und Begierden unendlich und unersättlich seyen, und daß sie also nach dem unmöglichen streben. Wenn ich demnach in diesem Blat werde zeigen können, daß die Kenntniß und Erfahrung seiner selbsten der einige Weg seye, der zu dieser erwünschten Glückseligkeit hinführet: So verspreche ich mir, daß mancher den Irrweg, den er bis dahin mit der äussersten Hitze gelauffen ist, verlassen, und dem Führer, den ich ihm in dem Discourse: Ut nemo in sese tentat &c. recommendiret habe, folgen werde.

Der sich selbsten auf den Fuß kennet, wie ich in dem verdeuteten Discourse erfodert habe; der seine Schwäche, sein Unvermögen, seine Unbeständigkeit und Unvollkommenheit wahrnimmet, der wird sich zu gleicher Zeit überführet sehen, wie nothwendig es seye, daß er von einem höhern Wesen unberstütet werde, welches ihn allein vollkommen glückselig machen könne: Wenn er siehet, daß er nicht geschickt seye ohne den freyen Willen, das ist, den Beystand dieses absoluten Wesens sich nur einen Augenblick aufrecht zuerhalten, so wird er erkennen, daß eben dasjenige unbegreiffliche Wesen, welchem er seine Existentz zu dancken hat, ihn erhaltet, und ihm die Kräffte zuwircken verleihet: Dieses wird ihn lehren, daß die allgemeine Nothwendigkeit alle Dinge, es geschehe gleich mit ihrem Willen oder Unwillen, an eine Ursache, die über uns und Göttlich ist, verbindet; es wird ihn überzeugen, daß alles von dem unumschrancten Willen dieses obersten Wesens abfliesse, und daß ohne denselben nicht das geringste geschehe. Alle diese Gründe sind kräfftig genug, ihn zu bereden, daß er sich mit einer festen Standhafftigkeit des Gemüthes in alles dasjenige schicket, was ihm wiederfahret, daß er sich diesem absoluten Willen gäntzlich unterwirffet, in dem Wolseyn und Wehstand nicht so fast auf seine eigene Empfindung, als aber auf den Willen seines souverainen Gebieters siehet. Alle seine Wünsche und Seuffzer sind nach dieser Richtschnur des Göttlichen Willens ausgemessen, er erkühnet sich nicht ihm etwas fürzuschreiben oder zubefehlen; er überlässet sich seiner Regierung gäntzlich, die Worte die er öffters in dem Munde führet, sind die Worte Cleanthens beym Seneca:

[Breitinger: Selbsterkenntniß.]

O Vatter aller Ding', du HErr der gantzen Welt,
Nimm hin und führe mich, wohin es dir gefällt,
Es ist kein Säumniß hier, ich bin geschickt darzu,
Und muß auch wenn ich schon es nicht gar gerne thu,
Du führst den der dir folgt, und schleppst die wiederstehn,
Und wenn ich gut nicht will, so muß ich böse geh'n.

Opitz. [N 2]

Er weiß daß der weise Meister seines Lebens schon bestimmet hat, wie er ihn führen will, ohne daß er die Wege desselben ausforschen kan; Er weiß auch, daß er viel zu schwach und ohnmächtig ist, dem gewaltsamen Willen seines Schöpffers zuwiederstehen. Dieses sind so viel Dämme inner die er seine Begierden einschliesset, über welche sie nicht einen Fuß breit austretten können.

Der sich selbsten kennet, ist zweytens alleine fähig sich selbsten zuregiren. Die Gemüths=Neigungen werden mit uns an diese Welt gebohren, und die ersten Marquen unsers Lebens verrathen dieselbe: Die Vernunfft läßt sich nach Verfliessung gewisser Jahren erst blicken, wenn die Affecten allbereit in dem Willen die Oberhand genommen haben; Diese folget man hernach unter dem Schein des guten be=trogen, so lang, bis endlich die Vernunfft mit der Zeit, und durch die Erfahrung sich ihrer Krässten erholet; das Recht zuherrschen, welches sie von der Natur empfangen hat, erkennet, und der Tyrannie der Begierden zuwiederstehen beginnet. Es ist in Wahrheit nichts, welches den Menschen so stoltz, verwegen und unruhig machet, wie die ungestümen Triebe seines betrieglichen Hertzens, von welchen der Mensch so lange getrieben und gestossen wird, bis er durch die Er=fahrung seiner selbsten die Gewalt und die Gänge derselben eigent=lich kennen gelernet hat: Dannzumalen fühlet der frey=gebohrne Sinn die schwere Last der Dienstbarkeit und der Ketten, er weiß die göldne Freyheit mit Bedacht zuschätzen, er stürtzet die Passionen von dem Thron, dessen sie sich bis dahin unrechtmässiger Weise meister ge=machet haben, und erhebet auf denselben die freye Vernunfft; seine Begierden werden eingeschrancket, und ihnen das Recht, nach Belieben zuschwermen, benommen. Ein solcher Kenner von sich selbsten ist sich allezeit gleich, er bleibet unbewegt, wenn ihm das Glück schon den Rücken kehret, er misset seine Fortune nach nichts als seiner Freyheit; er liebet nicht was niedrig und unvernünfftig ist; er er=zürnet sich nicht über eine Bagatelle; er erhebet sich nicht, er wird von allem was er siehet oder höret mit glimpffe urtheilen, weil ihm seine Schwäche und Unvermögen nicht verborgen sind; weder

Haß noch Favor können ihn über die Schrancken der Vernunfft verleiten. In seinen Urtheilen und Meinungen, ist er nicht so eigensinnig, weil ihn die Erfahrung gelehrt hat, daß fehlen menschlich, und daß er offt von dem Wahn seye betrogen worden; er weiß jedermann zuvertragen, er richtet sich nach eines jeden Capacitet.

Die Kenntniß seiner selbsten ist drittens eine Lehrerin der Vorsichtigkeit: Der das Gute und das Gemeine, daraus er zusam= [N 3] mengesetzet ist, wahrnimmet, ist alleine capabel das Gemeine auszubessern und das Gute zuvervollkommnen; Es wäre schon mancher ein grosser Mann worden, wenn er seine Schwäche und Stärcke gegen einander abgewogen, wenn er seine Inclinationen und die Gewalt derselben ausgemessen hätte: Woher kommet es, daß die meisten Menschen mit so vielem Schweiß nichts ausrichten, und an dem Ende ihres Lebens nichts zurühmen wissen, als daß sie sagen können: Vixi, ich habe existiret? als weil sie sich mit solchen Geschäfften beladen, die ihre Kräffte weit übersteigen. Pedatius wäre der berühmteste Mathematicus unsrer Zeiten, wenn er seinen unruhigen Geist inner die Gräntzen der Ausrechnungen und Triangeln eingeschlossen hätte: allein nachdem er sich vorgesetzet hat, den Ruhm eines Polygraphi zuerwerben, verliehret er über seinen kahlen Schrifften so gar den Credit eines gescheuten Mannes.

Die Erfahrung seiner selbsten ist endlich ein Spiegel darinne ich andre Leute sehen und erkennen kan; sie ist der Schlüssel das Hertze andrer aufzuschliessen und bloß zugeben. Andre Menschen sind überhaupt gemachet wie ich, sie participiren von einer gleichen Natur, und sind von gleichen Wesen zusammengesetzet; sie streben auch mit mir nach einem gleichen Zwecke. Obgleich die Temperamente sich nach der Underschiedenheit der Personen verändern, so ist doch der Underscheid derselben sehr klein: Es beunruhigen einen andern eben diejenige Passionen, welche sich bey mir äussern, wiewol in einer geringern oder stärckern Dose, und in einer andern Mixtur; Wenn ich nun mich selbsten kenne, und die Thaten fremder Leuten nach dieser Richtschnur abmesse, so kan es nicht fehlen, daß ich diese Unterschiedenheit der Graden nicht alsofort bemercke: Habe ich einen abgesagten Feind der mir meinen Ruin drenet, so giebet mir die Kenntniß meiner selbsten die Waffen in die Hand, womit ich ihn von meinem Leibe abtreiben, und seinen boßhafften Streichen, die er mir zuversetzen gedencket, vorbiegen kan; Wenn ich die Gänge meiner erhitzten Passionen weiß, wenn ich durch die Erfahrung gelernet habe, was für Mittel und Wege sie in Bewerckstellung ihrer

Projecten gebrauchen, so kan ich alle die Schritte, welche mein Feind in seinen Gedancken zu meinem Undergang machet, und machen kan, entdecken und nachfolgen: Ich kan mich selbst vorsehen, wie ihm zubegegnen seye, wenn er mich auf dieser oder einer andern Seiten angreiffen würde; ich bin wieder alle Anfälle bewahret; die Selbst-Erkenntniß ist mein Bollwerck, welches mich bedecket und sicher machet, ich stehe ausser der Gefahr.

Ihr werdet hier bemercken, politer Leser, daß ein vernünfftiger Zuschauer der Menschen, voraus in sich selbst kehren, und sich selbsten kennen müsse, wenn er anderer Leuten Fehler und Thorheiten entdecken will: Ihr müsset aber auf der andern Seiten auch wissen, daß die Vergleichung fremder Thaten, uns an statt einer Fackel in dem dunckeln Abgrund unser selbsten dienen, und die Kenntniß von uns selbsten vollkommen machen kan.

Hannibal Carrache.

Zürich,
Bey Joseph Lindinner,
MDCCXXI.

XVIII. Discours. [Bodmer und Breitinger.]

Scit risisse vafer, multum gaudere paratus,
Si Cynico barbam petulans Nonaria vellat.
Pers. Sat. I.

Ich sehe alle Tage Leute, welche über gewisse Sachen die Nasen rümpffen und die Lippen von einander spannen, ohne Untersuchung ob ihr Gelächter auf etwas Gutes und Ehrliches, oder auf die Schande falle. Alles was ihnen seltsam, fremd und neu ist, was eine Figur und Form hat, die sie noch niemal gesehen haben, erwecket ihre Raillerie; ein Bucklichter, ein Zwerck, eine garstige ꝛc. Jedermann kan wahrnehmen, daß schon die kleinen Kinder alles dasjenige belachen, das von dem gemeinen, das sie alle Tage sehen oder hören, abweichet; eine Docke die eine dicke Krause um den Hals hat, ein Capuziner der durch die Gasse gehet, der Habit und die Sprache einer Französin, ein Papagey der schwatzet, ist alles Materie sie lustig zumachen.

Das Gespötte dieser grossen und kleinen Leuten hat seine Abkunfft von der Unwissenheit; so bald ihnen etwas Unbekanntes in die Sinne fällt, so erwecket diese Neuigkeit im Anfang eine Verwunderung in ihnen, welche sich hernach entweder in eine Hochachtung verwandelt, wenn sie sich dieselbe Sache gefallen lassen, und für schön fürbilden; oder in eine Verachtung wenn sie das [S] Vorurtheil davon fassen, sie seye tadelhafft. Diese letztere Einbildung gebieret alsdann diese wunderliche Beschreibungen, die mit einem Frantzösischen Nahmen Raillerien genannt, und Spott- oder Stachel-Reden übersetzet werden. Gleichwie nun eine unzeitige Stachel-Rede eine Verrätherin der Unwissenheit ist, also giebet die billige Raillerie Anzeige von einem Witzigen. Ein solcher lachet niemalen, als über etwas verächtliches, das er kennet, und von dessen Niedrigkeit er Gewißheit hat. Ich will in diesen Blättern zum Dienste derjenigen, welche durch ungerechtes Raillieren sich in Gefahr setzen, ihren Unverstand und kindische Unwissenheit einem Zuschauer zuverrathen, meine Gedancken von demjenigen auf die Bahne bringen, welches eigentlich verdienet, daß ein witziger Mensch seine Raillerie darüber ausübe.

Nichts kan lächerlich seyn, was nothwendig und natürlich ist; Man ist befugt alles zuraillieren, was keine Nothwendigkeit hat, und über die Natur austrittet.

Ich glaube nicht, daß jemand seyn werde, der wieder die Wahrheit dieser Sätzen etwas einzuwenden habe, darum darf ich nichts anders thun, als beschreiben was nothwendig und natürlich seye, so wird ein jeder den richtigen Schluß abzufassen wissen, wann er Fuge und Recht habe zu raillieren, oder wann er sich damit der Beschuldigung einer Ungerechtigkeit und Unwissenheit bloß gebe.

Es ist alles nothwendig was der Mensch nicht ermangeln kan, ohne Gefahr sich kranck oder unglückselig zumachen, und seine Machine zuzerstören; Dasjenige ist natürlich, was der Mensch von der Natur hat, und worzu sie selbst ihn unterwiesen, damit er sich bey Glückseligkeit, Gesundheit und Leben erhalte. Ihr sehet, daß alles natürlich ist, was nothwendig, und nichts nothwendig was nicht natürlich ist.

Hingegen ist alles unnothwendig was der Mensch entbähren kan, ohne daß seine Glückseligkeit oder Gesundheit in Schaden lauffe; und alles ist unnatürlich, was von der puren Erfindung der Menschen ist, und von ihnen in den Schwang gebracht worden, seit daß sie sich zusammen in eine Societet gehalten haben. Ihr werdet meine Meinung klar durch diese Exempel verstehen lernen.

Essen, trincken, gehen, schlaffen, liegen, sind alles Sachen, die nothwendig sind und natürlich. Ein Mensch, der sie unterliesse, würde sich in Kranckheiten und den Tod stürtzen; die Natur hat sie die Menschen gelernet, und ihnen die Instrumente dazu gegeben. Niemand kan sie in ein Gelächter kehren. Daß einer sage: Dieser Mensch bücket sich auf die Erde, einen rothen Apffel aufzuheben, welchen er gesunden hat, er strecket die Arme aus, er umschliesset ihn mit seinen Fingern, und führet ihn mit einer Beugung des Ellbogens zum Munde; Er spannet die Lippen von einander, und legt ihn zwischen die obere und die untere Reihe der Zähnen, welche er alsobald wieder auf einander fällt, und also ein Stücke von dem Apffel abreisset; er wirfft diesen Bissen mit der [S 2] Zungen in dem Munde herum, er stößt ihn unter die Zähne, und läßt sie sich so lang von einander thun, und wieder auf einander fallen, biß daß er zuletzt mürbe und flüssig wird; alsdann drücket er ihn durch den Schlund in den Halse herunter in den Magen, wo er gekochet und distilliert wird; etwas wird zu Blut, und ergiesset sich in die Adern, das übrige wirfft der Magen in den Mast=Darm, welcher es weiter aus dem Leibe hinausführt; Er machet eine gantze Beschreibung des Essens, die nichts lächerliches hat, weil sie nothwendig und natürlich ist: Aber daß ein andrer die Umstände und Ceremonien beschreibe, welche bey der menschlichen Societet in der Gewohnheit sind, das Essen zu= begleiten, so wird ein Witziger billige Ursachen haben sich über dieselben zumoquiren, weil sie überflüssig, und weder zur Glückseligkeit noch zur Gesundheit nöthig sind: Etliche Personen wollen mit einander essen und trincken, sie lagern sich um ein geviertes Brette herum; sie lassen sich zum Anfange eine heisse Brühe auftragen, in welcher Getreyde schwimmet, das sie zu Staub zerstossen, zu einem Teig gerühret, und bey dem Feuer gehärtet haben; sie fassen dasselbe mit einer zu diesem Ende gemachten Machinen auf, und verschlingen es also warm. Auf dieses folget der Fuß und der schwartze Schenckel von einer Sau, welcher mit Saltz und Essig gewaschen, und im Rauche gefäullet worden; weiter ein gelbgebranntes Gefäß, welches von zermalmtem und in einen Teig gediegenen Korn in der Forme eines halben Hertzens gemachet, und in dem Offen hart gebrandt ist; Diese Machine ist inwendig hol, und mit Brühe und Stücken Fleisch angefüllet, und die Gäste werffen beydes das Gefäß, und was es hält, in den hungerigen Magen. Ich würde späth zum Ende kommen, wenn ich alle die unterschiedene Sorten ihrer Trachten erzehlen wollte. Es ist Fleisch da von fliegenden, vier=füssigen, schwimmenden und kriechenden Thieren; Hähne, Säue, Hechte, Austern, Krebse, Schnecken; Früchte die aus allen Ecken der Welt auf ihre Taffel geführt worden, und etliche hundert Meilen davon gewachsen; Getrancke, welche aus Trauben, Korn, Kirschen, Zucker, Limonen distilliert worden. Sie geniessen öffters in einer Stunde von allen diesen Speisen, und trincken von allen diesen Säfften, biß sie sich nicht mehr auf den Füssen halten können, denn dieselben haben einen geschwinden Effect den Kopff umzuwenden. Ein jeder hat ein Geschirr von Cristall vor sich, welches mit einem solchen Liqueur voll eingeschencket ist; aber keiner trincket, er habe denn zuvor eine kleine Grimace gegen die andern gemachet, aus welcher sie verstehen, daß er trincken will, alsbann folgen sie auf der Stelle nach, nachdem sie eben dieselbe Grimace gemachet haben. Daß einer mit trincken nicht antworte, wenn ein andrer ihm eine solche Ceremonie machet, das ist bey ihnen ein Verbrechen, welches sie mit Faust=Schlägen aussöhnen. Sie haben zwo Machinen von welchen die eine einen spitzigen Backen, und die andre die Forme von einem = = = Blatt repræsentiert, welches längst dem Grate durchgeschnitten worden, sie greiffen mit der ersten eine Speise an, und halten sie auf einem dünn=ge=schlagnen Zinne fest; und die andere dienet ihnen die Gelencke von zweyen Beinen von einander zutrennen und zuzerstücken, denn sie haben sich ein Gesetze ge=machet, keine Speise mit den Fingern anzurühren. Sie verrichten mit Instrumenten, was ein andrer mit einer holen Hande, oder einem starcken Daumen geschwinder und kommlicher thun würde.

Auf den Fuß, auf welchem die Menschliche Societet heut zu Tag stehet, ist kaum eine Handlung der Natur übrig, welche nicht mit vielen überflüssigen Umständen und Ceremonien begleitet werde. Ich habe euch eine Beschreibung des einfaltigen Essens, und eine

andere von den vielfaltigen Ceremonien lesen lassen, welche die
Societet daran gehenget hat. Alle Handwercke und Künste sind zu
nichts anders erfunden, als diese Ceremonien zuunterhalten, und in
dieser Betrachtung Belachens wirdig, weil sie überflüssig sind; aber
es ist wol in acht zunehmen, daß die Societet sie nunmehr vielen
Leuten fast eben so nothwendig gemachet hat, als die Handlungen
der Natur sind. Ein Schmiedeknecht ist vom Morgen biß
zu der Nacht in der Bewegung, er mattet sich ab, er er=
hitzet sich und arbeitet sich in einen Schweiß, indem er
ein schweres Eisen auf ein anders schlägt. Diese Handlung,
welche unnothwendig, unnatürlich und folglich der Raillerie unter=
worffen ist, wenn ihr sie an sich selbst betrachtet, ist nothwendig
in Ansehung des Zwecks den sie hat, und des Nutzens der darauf
folget. Der Schmiede, der in der Societet lebet, ist genöthiget, diese
zwey Eisen auf einander zuschlagen, wenn er Speise haben will sein
Leben durchzubringen, welches nothwendig und natürlich ist. Wie=
wol nun die Handlungen von dieser vermischten Art einen grossen
Zusatz vom Lächerlichen haben, so ist doch eine Unbillichkeit sich
darüber moquieren, weil diese Umstände, in welchen sich das Uber=
flüssige und Lächerliche findet, von der Nothwendigkeit, welche sie
zum Zweck haben, nicht können abgesöndert, oder lächerliche Be=
wegungen, ohne Consideration des Nutzens der daraus abfleusset,
verspottet werden, zumalen diese Absönderung nicht anderst als in
den Gedancken uud dem Gehirne ohne Realitet gemachet werden kan.
Ich zehle diesemnach unter die falschen und unbilligen Raillerien
auch diese unvollkommenen Beschreibungen der vermischten
Handlungen, in welchen man dieselben allein in ihren Umständen
die lächerlich sind, betrachtet, ohne Absicht auf ihre Nothwendigkeit.
Ich finde ein Exempel von einer solchen Raillerie in einem geschickten
ausländischen Autor, der an einem Ort sagt: **Ich habe offtmals
aus meinem Kammer=Fenster zwey edle Geschöpffe GOttes
gesehen, welche beyde mit Verstand begabet, und geschickt
waren, die Augen gegen den Himmel zukehren; Ich habe
diese zwey vernünfftige Wesen von Morgen an biß in
die Nacht beschäfftiget gesehen, zwey Steine auf einander
zureiben, das ist, damit ich mich der gemeinen Red=Art
bediene, Marmel zupolieren.** Diese Raillerie ist unbillig, weil
sie nur das Lächerliche erzehlet, welches bey dieser Handlung des
Marmel=polierens geschicht, und des Zwecks, welcher sie nothwendig
machet, vergißt; dieser ist, daß dieselben zwo Intelligentzen, von

welchen mein Autor sagt, daß sie zween Steine auf einander
schleiffen, Geld und Brodt anschaffen, welches sie vonnöthen haben
sich zuerhalten; Jedermann siehet, daß dergleichen Beschreibungen
unvollkommen und lügenhafft sind, weil sie nur des Lächerlichen einer
Handlung gedencken, und das Nothwendige in derselben verschweigen.

Nach alle demienigen, was ich biß dahin sorgfältig gewesen
bin zuerklären, ist mir ietz erlaubet, den deutlichen Schluß zumachen,
daß das Laster der Gegenstand einer gerechten Raillerie seye, in=
massen sich ia niemand unterstehen wird zuverneinen, daß alles
dasienige, was lasterhafft ist, unnatürlich seye, und keine Nothwendig=
keit habe. Oder, wer glaubet nicht, daß das Laster unser eigen seye,
und bloß von uns dependiere? Die Tugend ist es allein die den
Menschen glückseelig und vollkommen machen kan; Es ist so ferne,
daß er das Laster nöthig habe, sein Wolseyn zumachen, daß im
Gegentheil eben dasselbe das Meer ist, auf welchem seine Glück=
seeligkeit Schiffbruch leidet. Derjenige der es ausübet, geräthet darüber
in Verlust seiner Ehre, seiner Gesundheit, seines Leibes und Lebens;
alles Ubel, aller Schaden, alle Plagen, die die menschliche Gesellschafft
drücken, sind Folgen des Lasters. Wer will denn, ohne die gröste
Ungerechtigkeit, sich einbilden, das Laster, mit welchem die Creatur
das Wesen, das sie von dem Schöpffer empfangen hat, muthwilliger
Weise zu Grunde stürtzet, seye natürlich und nothwendig. Ihr könnet
die Richtigkeit meiner Meinung weiter sehen, wenn ihr betrachtet,
daß die Tugend allein das vernünfftige Object unsrer Hochachtung
seye, eben wie das Laster der Zweck unsrer Verachtung und unsers
Hasses ist; ein Mensch, der leer von Tugend ist, verdienet nichts
weniger als den Nahmen eines Menschen; dieselbe ist allein geschickt
ihn zum Menschen zumachen, weil die Natur des Menschen allein
in der Tugend oder in tugendhafften und vernünfftigen Handlungen
bestehet. Die Gesetze des Schöpffers lassen euch daran nicht zweifeln,
zumahlen ihr Absehen eintzig gerichtet ist, die Menschen zu dieser
Tugend in ihren natürlichen Stand, so wie sie aus der Hande des
Schöpffers gekommen sind, von dem Laster hinüber zuführen.

Erweget ihr diese Gründe wol, so werdet ihr gleich sehen, daß
das Laster von keiner Nothwendigkeit seye, und wieder die Natur,
und die Glückseeligkeit des Menschen streite, daß es folglich das billige
Object der Raillerie seye.

Ich kan demnach von einem der die Macht pretenbiert, über
anderer Leuten Thun zuraillieren, mit Recht foderen, daß er ein
guter Moralist seye, und das Laster und seine Häßlichkeit kenne.

Democrite ware der Mann, der diese Kunst inne gehabt, und die
Thorheiten der Menschen mit Nachdruck belachet hat. Die Raillerie
eines solchen, hat erst den grossen Nutzen, daß sie uns einen feind=
lichen Haß und Abscheu gegen das Laster einjagt, und uns sorgfältig
machet, bevor aus wenn wir eigenliebend und ehrgeitzig sind, dasselbe
wo wir es nur ansichtig werden, auszuweichen.

Hans Holbein.

Zürich, bey Joseph Lindinner, MDCCXXI.

XIX. Discours. [Bodmer.]

Ille per extentum funem mihi posse videtur
Ire poeta, meum qui pectus inaniter angit,
Irritat, mulcet, falsis terroribus implet
Ut magus, & modo me Thebis modo ponit Athenis.
Hor. Ep. I. lib. 2.

Eine Imagination die sich wol cultiviert hat, ist eines von den
Haupt=Stücken, durch welche sich der gute Poet von dem ge=
meinen Sänger unterscheidet, massen die reiche und abändernde
Dichtung, die ihr Leben und Wesen eintzig von der Imagination
hat, die Poesie von der Prosa hauptsächlich unterscheidet. Daß
Opitz den Rang vor Menantes pretendieren kan, geben ihm das
Recht diese schönen und abwechselnde Bildnissen, die er gemachet hat,
und in welchen er die Natur mit denen Farben und in der Gestalt
gemahlet hat, die ihr eigen sind; Ich bediene mich mit Fleisse dieser
Metaphora die ich von den Mahlern entlehne, denn die erste und
eintzige Regel, welche ein jedweder Schreiber und Redner, es seye
in gebundener oder ungebundener Rede, nachzufolgen hat, und welche
ihm mit denen Mahlern gemein ist, die ist diese, daß er das Na=
türliche nachspühre, und copiere, alle diese andere Regeln, daß er
anmuthig, delicat, hoch schreibe, sind in dieser eingeschlossen und
fliessen daraus ab. Wenn er von ei=[T]ner jeden Sache dasjenige
saget, was ein curieuser Sinn davon wahrnimmt, wenn er nichts
davon verfliegen läßt, daß sie dienet von andern Sachen zuunter=
scheiden, und wenn er mit solchen angemessenen Worten davon redet,

welche mir eben dieselben Ideen davon erwecken, die er hat und die mit der Wahrheit übereingehen, so sage ich daß er natürlich schreibe; wenn er denn von einer anmuthigen Sache natürlich schreibet, so kan ich sagen, daß sein Stylus **anmuthig** ist; schreibet er von einer Delicatesse natürlich, so wird der Stylus **delicat**, und er wird **hoch**, wenn er von einer Sache natürlich redet, welche die Menschen bewundern und groß nennen. Weil nun Opitz natürlicher, und welches nichts anders saget, annehmlicher, delicater und höcher ist, als Menantes, so heißt er mir auch ein besserer Poet als Menantes. Daß aber Opitz natürlicher dichtet als der andere, ist dieses die Ursache weil er die Imagination mehr poliert und bereichert hat als dieser; Opitz hat, nemlich nicht allein mehr Sachen durch die eigene Erfahrung und die Lesung in seine Imagination zusammen=
getragen, sondern er hat noch an denjenigen Sachen, die ihm auf=
gestossen, und die Hunolden vielleicht auch in die Sinnen gefallen, mehrere Seiten und Differenzien wahrgenommen, er hat sie von einer Situation angeschauet, von welcher sie ihm besser in die Imagination gefallen sind, und er hat sich länger darüber auf=
gehalten, indem er sie mit einer sorgfältigern Curiosität betrachtet und durchgesuchet hat. Also hat er erstlich eine nähere und voll=
kommnere Kenntniß der Objecten erworben, und hernach hat er eben darum auch gewissere und vollkommnere Beschreibungen machen können, in welchen die wahre Proportion und Eigenschafften der Sachen bemercket, und derselben Seiten ohne Ermangeln abgezehlet worden.

Ihr erkennet aus diesem die Nothwendigkeit, und was es con=
tribuiert natürlich schreiben zulernen, daß ein Schüler der Natur sich wisse über den auffstossenden Objecten zufixieren, und sie in einer solchen Postur anzuschauen, in welcher ihm kein Theil und keine Seiten derselben kan verborgen bleiben; er muß so nahe zu der=
selben tretten, und die Augen so wol offen behalten, daß ihm weder die allzuweite Entfernung sie kleiner machet, noch die Nähe mit einem Nebel überziehet. Wenn ich jetz ferner untersuche warum Opitz die Imagination freyer und ungebundener bewahret, und die Dis=
tractionen ausgewichen habe, welche Hunolden die Menge der Objecten und andere Umstände erwecket haben, so finde ich keine andere Ursache, als weil Opitz von diesen belebten Seelen gewesen, welche weit zärt=
lichern und hitzigern Affecten unterworffen sind, und viel geschwinder Feuer, oder daß ich ohne Metaphora rede, Liebe für ein Objectum fangen, als andere unachtsame und dumme Leute, denn es ist im

übrigen gewiß, daß wir uns um eine Sache, für die wir paßionniert sind, weit mehr intereßieren, und weit mehr Curiosität und Fleiß haben, sie anzuschauen, folglich auch die Imagination damit mehr anfüllen, als wir bey einem Objecte thun, für das wir indifferent sind. Ein Amant wird von der Schönheit seiner Buhlschäfft eine ähnlichere und natür=[T 2]lichere Beschreibung machen, als ein jed=weder andrer, dem sie nicht so starck an das Hertze gewachsen ist. Ihr werdet einen Affect allezeit natürlicher ausdrücken, den ihr in dem Hertzen fühlet, als den ihr nur simulieret. Die Leidenschafft wird euch im ersten Fall alle Figuren der Rhetoric auf die Zunge legen, ohne daß ihr sie studieret. Zertheilet und erleset die Harangue einer Frauen, die ihre Magd von Hertzen ausschiltet, ihr werdet es also finden. Wenn auf diese Weise die Imagination von der Paßion begleitet wird, alsdann ist sie im Stande sich ohne Distraction über ein Objecte aufzuhalten, und sich die Natur, Gestalt und Größe desselben bekandt zumachen; Und dieses ist die Manier, die sie brauchet, sich auszuschmücken und zubereichern.

Erst ein solcher Schreiber der, wie unser Opitz, die Imagination mit Bildern der Sachen bereichert und angefüllet hat, kan lebhafft und natürlich dichten. Er kan die Objecte, die er einmal gesehen hat, so offt er will wieder aus der Imagination holen, sie wird ihn gleichsam auf die Stelle zurück führen, wo er dieselben antreffen kan. Er setze in sein Cabinet eingeschlossen, und werde von keinen andern Gegenständen umgeben, als von einem Hauffen Bücher, so wird sie ihm eine hitzige Schlacht, eine Belägerung, einen Sturm, einen Schiffbruch, ꝛc. in derselben Ordnung wieder vormahlen, in welcher sie ihm vormahls vor dem Gesicht gestanden sind. Dieselbe wird alle die Affecte die ihn schon besessen haben, in ihm wider rege machen, und ihn davon erhitzen, nicht anderst als wenn er sie wircklich in der Brust fühlte. Es seye, daß er in dem Schatten einer ausgespannten Eiche sitzet, von allen Neigungen der Liebe, des Mitleidens, der Traurigkeit, des Zorns, frey und unbeweget, so bringet ihm doch die Stärcke seiner Imagination alle die Ideen wieder zurück, die er gehabt hat, als er wircklich verliebt, mitleidend, betrübt, erzörnt gewesen, sie setzet ihn in einen eben so hitzigen Stande, als er damahlen gestanden ware, und ruffet ihm dieselbe Expreßionen wieder zurück, welcher er sich zur selben Zeit bedienet. Will er eine Dame glauben machen, daß sie schön seye, und daß er sie liebe; will er einen Todten beweinen, der ihn vielleichte nichts angehet; will er einen erdichteten Zorn ausstossen, so weiß er die

Stellungen und die Worte derer Leuten, die in der That mit diesen Paſſionen angefüllet ſind, lebendig nachzumachen.

Der Herr Beſſer, der an einem der gröſten Höfen von Europa lebet, und der ſeine Verrichtungen für den Staat ſeines Monarchen, und für die Muſen vertheilet, ſchreibet Gedichte, worinnen er die reichſte Imagination hervorblicken läßt. Er iſt inſonderheit lebhafft in den Beſchreibungen der Bewegungen einer Armee, der Schlachten und der Beſtürmungen. Schauet das Spectackel, das er euch Bl. 117. von der Flucht eines geſchlagenen Feindes vor die Augen ſtellet:

> Als aber nun der Streit auch den Czarnetzky ſchlug,
> Sah man die gantze Schaar mit höchſt=verwirrtem fliehen
> Vor unſerm metzeln her, als dicke Nebel ziehen.
> Dort röchelt erſt erſäufft ein Cörper in dem Sumpf,
> Hier überwarff ſich noch ein warmer Tartar=Rumpf; [T 3]
> Dort ſah man Seel und Blut aus Bruſt und Gurgel ſchieſſen,
> Und hier verwickelten ſich viel in eignen Spieſſen.

So natürlich der Effect beſchrieben wird, welchen die Churfürſtliche Artillerie an Stettin gethan hat, ſo traurig iſt er auch B. 121.

> Dem ward der ganze Halß, zuſamt dem Waffen=Kragen,
> Dem halb das Schulder=Blat und Bruſt=Bein weggeſchlagen;
> Dort nahm ein Feuer=Ball aus dem erregten Schwarm,
> Das mitgebrachte Kind der Mutter aus dem Arm;
> Die hinter ſolches her erbärmlich rannt und ſchrie,
> Dem traff in ſeiner Thur das Hauß=Schild beyde Knie;
> Den ſchlug ein Schwell=Gerüſt, den ein geſprengter Stein.

Aber ich werde niemals ſo empfindlich getroffen, als wenn ich die Klag=Gedichte leſe, welche dieſer Herr und ſein fortrefflicher Freund der Hr. Canitz uber das Abſterben ihrer Gemahlinnen geſchrieben haben. Dies ſind vielleichte die zwey paſſionnierteſte Stücke, welche wir in der Deutſchen Poeſie haben. Es iſt unmöglich, daß ein Leſer nicht einen Theil der Gröſſe des Affectes, welcher ſie beyde erhitzet hat, in ſeinem Hertzen empfinde. In des Herrn Beſſers haben mich die folgenden Stellen mit einer Traurigkeit angefüllet, die ſich erneuert, ſo offt ich ſie wieder leſe. Bl. 219.

> Erhielt ich ſie denn nur, um ſie ins Grab zubringen?

Und Bl. 220.

> Was meinſt du, wie mir ſey bey meiner Einſamkeit?
> Wenn noch darzu die Nacht mit ihrem Schrecken dreut.

[Bodmer: Imagination.]

Wenn die gewohnte Hand dich sucht im Traum entzündet,
Und deine Stelle zwar, doch dich nicht selbsten findet.
Kein Wunder, daß dein Mann sich dann verlassen schätzt,
Und ein Wehklagend Ach! das wüste Lager netzt.

Und Bl. 221.

Begehrt ich dann von ihr, daß sie mich solt begraben?
Ach nein! diß ist ein Werck, das lebendig verzehrt!
Ach nein! du armes Kind, wie hätt ich das begehrt?
Du wärst vor Hertzeleid zu mir herabgefahren.

* * *

Dein letzter Liebes-Blick gab zwar mir gute Nacht,
Doch hat dem ersten gleich er mich verliebt gemacht.
Dem Sterbe-Kittel selbst vergrössert deine Schöne,
Ich brannte nie so sehr, als ich mich jetzund sehne.

* * *

Ich liebte, wenn ich gleich sie nicht erhalten hätte;
Ich liebte sie um sie, und mich, weil sie mir hold,
Ich lebte, weil ich ihr dadurch gefallen solt.

Welche Stärke der Passion bemercken diese letztern Verse? Des Herren Canitz seine ist nicht schwächer gewesen, und seine Expressionen sind eben so natürlich.

ː ː Wie kömmts, da ich mich träncke,
Werd ich gleichsam wie ergetzt,
Wenn ich nur an die gedencke,
Die mich in das Leid gesetzt?

* * *

Euch ihr Zeiten die verlauffen,
Könnt ich euch mit Blut erkauffen,
Die ich offt aus Unbedacht,
Ohne Doris zugebracht!
Sonne schenck mir diese Blicke!
Komm verdopple deinen Schritt,
Eilt ihr Zeiten, eilt zurücke!
Bringt mir aber Doris mit.

Der Zweiffelmuth eines betrübten Amanten kan nicht natürlicher gesetzt werden, als wie in der Strophen so auf diese folget, geschicht.

Aber nein; eilt nicht zurücke,
Sonst entfehrnen eure Blicke
Mir den längst begehrten Tod,
Und benehmen nicht die Noth;

Doch könnt ihr mir Doris weisen;
Eilet fort! Nein haltet still!
Ihr mögt warten, ihr mögt reisen;
Ich weiß selbst nicht, was ich will.

Diese vornehme Poeten, die ich niemals müde werde zuloben, lassen das Hertze reden, man kan sagen, daß Amor ihnen ihre Verse in die Feder geflösset hat, wenn sie von der Liebe, und Mars wenn sie von dem Kriege singen. Sie zwingen uns die Affecte anzunehmen, welche sie wollen, wir lachen, wir werden stoltz, wir förchten uns, wir erschrecken, wir betrüben uns, wir weinen wenn es ihnen gefällt; aber auch die traurigen Affecte die sie in uns rege machen, werden von einem gewissen Ergetzen begleitet, das damit vermenget ist.

Ich belache diese fantastische Schüler der Reim-Kunst, welche sich eine Chimerische Maitresse bey einem frostigen Hertzen, und einer noch kältern Imagination machen, welche von Brand und Feuer mit den kältesten Expressionen reden, in der Metaphora sterben, sich hencken, sich zu tode stürtzen, derer passionniertste Complimente, die sie ihrer Liebsten machen, Spiele der Wörtern, und der truckenen Imagination sind, Phebus, Galimathias, ꝛc.

Es bleibet mir übrig, euch mit wenig Worten zuerklären, was es eigentlich seye, daß die Poeten figürlich ihren Enthousiasmum, ihre Inspiration, oder auch ihre Poetische Raserey nennen. Diese Worte bedeuten nichts anders, als die hefftige Passion, mit welcher ein Poet für die Materie seines Gedichtes eingenommen ist, oder die gute Imagination, durch welche er sich selbst ermuntern, und sich eine Sache wieder vorstellen, oder einen Affect annehmen kan, welchen er will. Wenn er also erhitzet ist, so wachsen ihm, so zusagen, die Worte auf der Zungen, er beschreibet nichts als was er siehet, er redet nichts, als was er empfindet, er wird von der Passion fortgetrieben, nicht anderst als ein Rasender, der ausser sich selbst ist, und folgen muß, wohin ihn seine Raserey führet.

Rubeen.

Zürich,

Bey Joseph Lindinner,
MDCCXXI.

XX. Discours. [Bodmer.]

Ut pictura poesis erit — — — —
Hor. A. P. v. 361.

Wenn ich die genaue Verwandschafft betrachte, welche die Künste derer Leuten, die mit der Feder, die mit dem Pinsel, und die mit dem Griffel und Stempel arbeiten, mit einander haben, so darff ich gedencken, daß die Manes dieser vortrefflichen Mahlern und Bildhauern, deren Nahmen sich die Zunfft meiner Mit-Scribenten zugeleget hat, wenn sie gleich unter der Erde noch Antheil an unsrer Welt Geschäfften nähmen, und fähig wären sich für dieselben zu-passionnieren, eben nicht Ursachen fänden, wegen dieser genommenen Freyheit mißvergnügt zuwerden. Ich sehe nichts, daß sie dazu sagen könnten, als diesen mahlenden Schreibern den Unterricht ertheilen, daß sie sich die Emulation lassen aufmuntern, die Natur mit ihren Federn so nahe und geschickt nachzufolgen, wie sie mit ihren delicaten Pinseln und Griffeln gethan haben.

Die Natur ist in der That die einßige und allgemeine Lehrerin derjenigen, welche recht schreiben, mahlen und äßen; ihre Professionen treffen darinne genau überein, daß sie sämtlich dieselbe zum Original und Muster ihrer Wercken nehmen, sie studieren, copieren, nachahmen. Sie füh=[U]ret die Feder der Schreibern, sie hilfft den Mahlern die Farben reiben, und den Bildhauern die Lineamente zeuhen. Keiner von allen diesen kan etwas ausfertigen, wenn er sich nicht mit ihr berathet, und die Regeln seiner Kunst von ihr entlehnt. Der Scribent, der die Natur nicht getroffen hat, ist wie ein Lügner zubetrachten; und der Mahler so wol als der Bildhauer der ab=weichende Copien derselben machet, ist ein Pfuscher. Der erste saget Salbadereyen, und die andern machen Chimeren.

Alles was keinen Grund in der Natur hat, kan niemand ge=fallen als einer dunckeln und ungestalten Imagination. Was würdet ihr von einem Scribenten urtheilen, der mit bürlesquen Expressionen ein Sterb=Gedichte anfüllete, und traurige Klag=Thöne in eine Hochzeit=Ode mischete? Eben dasselbe, was von einem Mahler, der die Delphine in die Wälder, und die Hirsche in die See versetzte, oder von einem Bildhauer, der den Obertheil einer Statuen biß an die Hüfften zu einer schönen Frauens=Person hauete, und den untern in einen Fischschwantz zusammenzöge. Hingegen ergetzet uns auch die Beschreibung und die Abschilderung des Lasters, der Boßheit, der Häßlichkeit, des Erschrecklichen, des Traurigen, wenn sie nur natürlich sind. Ein Mensch liebet in einem Sittenbuche den ähnlichen Caractere eines Grausamen, der alle zahme Neigungen der Menschlichkeit ausgezogen, und sich in die Natur der Wölffen und anderer Raubthieren verstellet hat, vor welchem er in der Societet einen Abscheu empfindet. Er hat ein Ergetzen das garstige Contrefay einer Runtzlichten anzuschauen, vor dessen Original er die Augen abwendet. Die Gedichte von Ovide, die derselbe die Traurigen genannt hat, die Stürme, die blutige Schlachten, die ungeheuern Thiere, kurtz, alles was wol nachgeahmet ist, wird uns angenehm, es seye so gräßlich und erbärmlich als es will. Aristoteles hat wol angemercket, daß dieses Ergetzen, welches uns die Betrachtung einer schönen Nachahmung machet, nicht gerichts von dem Objecte komme, das uns vorgemahlet ist, sondern von der Reflexion, welche das Gemüth dannzumalen walten lasse, daß nichts ähnlicher und übereintreffender könne seyn als ein solches Gemählde und sein Original; dermassen daß es bey dergleichen Anläsen geschehe, daß man etwas frembdes und neues gewahr werde, welches kitzele und gefalle. Diese Annehmlichkeit der Aehnlichkeit, welche zwischen einer Schilderey und der Sache waltet, die sie vorstellet, ist so groß, daß offt der Geitzige selbst der erste über die wol gemachte Beschreibung eines Geitzigen gelachet hat, die wol vielleichte nach seinem Modell gemachet worden; und mit Ergetzen seine eigene Person in diesem Spiegel gesehen, der die Natur so künstlich trifft.

Ihr sehet aus diesem worinne die Verwandschafft der Schreibern, der Mahlern und der Bildhauern bestehet, nemlich in der Gleichheit des Vorhabens; sie suchen samtlich die Spuhr [U 2] der Natur, sie belustigen durch die Aehnlichkeit welche ihre Schrifften, Bilder und Gemählde mit derselben haben, sie machen sich lachenswirdig, wenn sie davon abtretten. Aber sie unterscheiden sich von einander in der Ausführung ihres Vornehmens, welches sie auf ungleiche Manieren verfolgen. Denn der eine bildet die Natur mit den Worten aus, mit welchen er alles, was ihm diese eintzige Lehrmeisterin, bey der er in die Schule gehet, sehen oder nur gedencken läßt, so lebhafft abmahlet, daß der Zuhörer oder Leser keine Mühe hat, sie darinnen zuerkennen; der andere bedienet sich des Pinsels und der Farben, mit denen er dasjenige was ihm in die Augen fällt, in seiner wahren Proportion, Stellung, Gestalt und Farbe beschreibet; und dieser findet in einem Holtze, oder in einem Steine die gantze Figur, die

Gliedmaſſen und die Forme eines Menſchen, eines Thieres, oder was für einer Sache ihr wollet, verborgen, und weiß die Kunſt dieſelben mit Griffeln und Stempeln herauszubringen. Von allen dieſen Meiſtern verdienet der erſte einen Vorzug, weil ſeine Kunſt ungleich mehr begreiffet, als der andern ihre. Dieſe letztern ſchrancken ſich mit denen Objecten ein, welche vor die Augen kommen, da der andere nicht nur entwirfft was das Geſichte, ſondern was einen jeglichen Sinn rühret und reget; Ja was weit mehr iſt, die Wercke des Gemüthes und die Gedancken ſelbſt, zu welchen keiner von denen äuſſerlichen Sinnen durchdringet. Man kan zwar in einem gewiſſen Verſtande auch von den Mahlern und Bildhauern ſagen, daß ſie die Gedancken auszudrücken wiſſen, man kan nemlich aus der Phyſiognomie, den Gebehrden und Minen welche die Stellung und das Angeſicht bezeichnen, ſchlieſſen, von welcher Paſſion das Gemüthe mag eingenommen ſeyn, und welche Gedancken eine ſolche ihm mag geben haben, maſſen dieſe Zeichen bey allen Menſchen, in einer gleichen Neigung, die gleichen ſind; aber weil dieſe Art zureden, ſehr weitläufftig, langſam und unvoll= kommen iſt, ſo kommet ſie mit der andern in keine Vergleichung. Der Schreiber wird euch mit einem Zuge der Feder zuverſtehen geben, was der Mahler mit vielen Bildern nicht thun kan. Wie will dieſer es angreiffen, euch einen Menſchen vorzuſtellen, deſſen Caractere dem Scribenten ein leichtes iſt, klar und lebhafft aus= zudrücken?* Geſchickt von Leib, geiſtreich; laſterhafft; raub=begierig, verſchwenderiſch, blutdurſtig; hart, un= ermüdet, verwegen, verſchlagen; beredt, unwiſſend; er wird nöthig finden, faſt eine jegliche von dieſen Qualiteten und Paſſionen mit einer eigenen Bildniß zubemercken, welche dennoch noch der Zweydeutigkeit wird unterworſſen ſeyn.

Indeſſen, da ich bißfalls dem Schreiber den Rang gebe, ſo hat auf der andern Seiten der Mahler und der Bildhauer den Vortheil, daß ſeine Schildereyen und ſeine [II 3] Statuen einen gröſſern Einfluß in die Imagination haben, und ſtärckere Impreſſionen in dieſelbe machen, als die Beſchreibungen thun, denn was man ſiehet und betaſtet, kan man ſich viel leichter fürbilden, als was man höret, inmaſſen das Gegenwertige mehr Macht über uns hat, als das Entfehrnte und das Vergangene. Das Mitleiden preſſet mir die

---

* Dieſes iſt der Caractere, den Salluſte Catilinen ge= geben hat.

Thränen häuffiger aus wenn ich mit meinen Augen die Glut sehe
durch die Gassen einer Stadt schleichen, und sich an ein Hause nach
dem andern anhängen, die Kinder mit der Mutter, die Frau an
dem Halse des Mannes ergreiffen, ꝛc. als wenn ich es nur erzehlen
höre: Opitz hat diesen Vortheil welcher dem Mahler über den
Schreiber gehört, wol gewußt, und darüber Strobeln überaus
artig gelobet.

— — — Sollt ich dich nicht kennen
Ich der Poeten Theil, als wie sie mich ja nennen,
Dich aller Mahler Licht? Es weiß auch fast ein Kind,
Daß dein und meine Kunst Geschwister Kinder sind;
Wir schreiben auf Papier, ihr auf Papier und Leder,
Auf Holtz, Metall und Gold. Der Pinsel macht der Feder,
Die Feder wiederum dem Pinsel alles nach.
Dies ists, was hiebevor der Cheroneser sprach,
Der Mann, dem Griechenland und Rom nicht kan bezahlen
Der Klugheit hohen Werth; daß euer edles Mahlen,
Poeterey die schweig, und die Poeterey,
Ein redendes Gemähld und Bild, das lebe, sey.

* * *

— — — Wir schreiben den Verstand
Und Weißheit in ein Buch; ihr mahlt sie an die Wand;
Bey uns wird sie gehört, bey euch gar angeschauet,
So daß euch die Natur fast mehr als uns vertrauet.

Ich will hier den Mahler und den Bildhauer lassen, und noch
ein Worte für den Schreiber der Sitten beyfügen, um ihn bey
gewissen Leuten ausser die Schuld einer Boßheit zusetzen, welche mit
aller Gewalt Schlüssel zu denen Nahmen begehren, auch selbst er=
dichten, welcher ein Moraliste sich bedienet. Der eintzige Schlüssel
eines Moralischen Werckes das gewisse Nahmen gebrauchet, das Laster
oder das Lobenswirdige damit zubelegen, ist der lasterhaffte oder
der ehrliche Mensch, weil dieser das eintzige Original ist, nach welchem
seine Caracteren geschildert sind. Er machet keine historische Caracteren,
die eine eintzige Person angehen, und sich nicht auf viele andere
Leute schicken, die von den gleichen Qualiteten haben. Die Personen,
denen er Nahmen giebet, bestehen nur in der Einbildung, in währender
Zeit das Laster oder die Tugend die er abschildert, gantz real ist.
Wenn er diesen erdichteten Personen Nahmen giebet, oder auch ihren
Stand qualificiert, so geschicht das bloß die Materien die er tractiert,
ergetzender und lebhaffter vorzustellen, und sich die Mühe zusparen,
die er hätte allezeit zuwiederholen: Ich kenne einen Menschen, der, ꝛc.

Ich habe jemand gesehen der, ꝛc. Also kan man ihn nicht zur Verantwortung aller dieser Schlüsseln zeuhen, die ein jedweder nach seinem Belieben machet, und in die Welt hineinwirfft: Wenn jemand hierinnfalls kan angeklagt werden, so ist es einkig derjenige, der einen solchen Schlüssel sorgfältig ist zuschmieden, und der ihn für wahrhafft verkauffet.

Rubeen.

Zürich,

Bey Joseph Lindinner,
MDCCXXI.

XXI. Discours. [Breitinger.]

— — — Avidos vicinum funus ut ægros
Exanimat, mortisque metu sibi parcere cogit,
Sic teneros animos aliena opprobria sæpe
Absterrent vitiis. —   —   —
Horat. L. I. Serm. 4.

Ich habe in zween vorgehenden Discoursen dem vernünfftigen Zuschauer der Wercken GOttes gezeiget, wie er sich selbst könne bekannt werden: Dießmalen werde ich ihm die nöthigen Underrichte geben, was massen er sich aus der Betrachtung seiner Nebenmenschen verbessern, und wie er sich die Gesellschafft derselben zu nütze machen könne.

Ich bemercke gleich in dem Anfang, daß die raisonnirende Morale viel zuschwach ist, uns von dem Laster abzuschrecken, und zu der Tugend zubeterminiren: Es ist ausser allem Zweiffel, daß das Temperament und die ausgelassenen Triebe unsers Willens offt stärcker und ungestümer sind, als die Vernunfft. Eine Passion ist in dem Stand uns kranck zumachen: Die Philosophie und die Morale vertretten zwar die Stelle eines Arztes, sie schreiben die auserlesensten Medicamente gegen diese Kranckheit vor, [*] allein die Passion, welche sich von unsrer Vernunfft meister gemachet hat, bezeuget einen Eckel davon und speyet sie aus. Es kan wol seyn, daß der Mensch die Wahrheit einer Moralischen Demonstration fassen kan, so lang das Gemüth ruhig ist, daß er erkennet, wie gerecht ihre Forderungen,

und wie sie ihn obligire ihren Befehlen zufolgen, wenn er sich selbsten,
seine Gesundheit und die Freyheit seines Gemüthes nicht ruiniren
wolle: Allein diese Reflexionen werden entkräfftet, oder verschwinden,
so bald eine Passion durch ein gewisses Objecte in ihm rege gemachet
wird; dannzumalen reisset diese ihn mit solcher Ungestüme und
Geschwindigkeit auf das Ziel zu, welches sie sich vorgesetzet hat, daß
die Vernunfft nicht Zeit bekömmet, dieselbe durch ihren Zuspruch
zurücke und inner ihre Gräntzen zutreiben. Die Vernunfft hat keinen
Antheil an denjenigen Actionen, die nicht von meinem freyen Willen
abhangen, und die ich so viel als ungebetten ausübe: Eine Chimere
ist geschickt meine Machine zuerschüttern, und mir einen tödtlichen
Schrecken einzujagen, wenn mir schon die Vernunfft saget, ich fliehe
vor einem Schatten; und ein eiteler Argwohn hat Kräffte genug
mich ausser mich selber zusetzen. Elende Morale! sage ich oft in
meinen Gedancken, was nützet es mich daß ich philosophire, wenn
ich der Tyrannie meiner austrettenden Begierden nicht wiederstehen
kan! Die Philosophie ist ein Medicus wie alle die andre sind;
wenn sich das Glück und der Hazard auf ihre Seiten rangiren, so
helffen ihre Artzneyen; Also wenn ich ein glückliches Temperament
besitze, so hat die Morale gut dasselbe secondiren.

Ich observire hernach, daß die Exempel eine weit grössere Krafft
über unsern Willen haben, demselben eine Liebe zur Tugend, und
einen feindlichen Haß gegen die Laster einzupflantzen. Die stärckste
Passionen eines Menschen sind die Eigenliebe und die Ehrbegierde.
Jene ist in der Beurtheilung fremder Geschäfften so scharffsichtig,
als blind sie ist, wenn es ihre eigene angehet; ihre Fehler und
Gebrechen verdecket und bemäntelt sie, andrer Fehler hingegen weiß
sie sehr vortheilhafft zuentdecken und noch grösser zumachen: Der
Ehrgeitz, welcher der Selbstliebe auf dem Fusse nachgehet, ist ge-
schäfftig, sich den Credit und die Estime seiner Nebenmenschen zuerwerben; er wird gewahr, daß diese nichts so hoch schätzen, als
was sie selbsten verrichten; dahero siehet er sich gezwungen sie zufolgen, wenn er nicht neben das Ziel schiessen will. Diese Ehrbegierde
wird von der Emulation, welche eine Art des Neides ist, begleitet;
sie muntert den Menschen auf, durch eine eifferende Nachfolgung
derjenigen Tugenden, welche andere Leute der Ehre wirdig gemachet
haben, sich so weit zuheben, bis er entweder ihrem Ruhm gleich
gekommen, oder sich über denselben hinaufgeschwungen hat. Die
Eigenliebe weiset [K 2] uns Frembder Laster in ihrer natürlichen
Häßlichkeit; Die Ehrbegierde läßt uns ihre schöne Seiten nicht ver=

borgen, und die Emulation stifftet uns einen ruhmlichen Eifer vor die Tugend. Sehe ich einen Zornigen, wie er aus seinen Augen so gräßlich siehet, wie sein Mund erröthet, in der Zeit daß sein Hertze, die Werckstatt seines Geblütes, erhitzet in eine ungestüme Bewegung oder einen Jäscht gerathet, wie sich seine Lippen zusammenziehen, wie er mit den Zähnen kirret und schäumet, wie seine Haare sich aufrichten und starren, wie er so ungestüm und langsam Athem holet, wie sich seine Gliedmassen ausdehnen, wie er seine Worte zwinget und stümmelt, wie er die Hände in einander schlägt, wie er mit den Füssen wieder den Boden stößt, wie sich sein gantzer Cörper erschüttert, wie er mit Worten und Geberden dräuet, wie er sich aufblehet, so gerathe ich in einen Zweiffel, ob dieses Laster nicht so häßlich als gefährlich seye? Dieses machet mir einen so lebhafften Eindruck, daß ich mich schämen würde, meine Ehre auf eine so schandliche Weise zuprostituiren, ich werde sorgfältig zuverhüten, daß mein Zorn über keiner Sache durchbreche und sich äussere. Wiederum, kommet mir ein Truncfener zu Gesichte, dem seine Augen gantz eingefallen sind, der wie in einem Traum redet, weil er seine Vernunfft ver= schwemmet hat, der seinen Kopf hänget wie eine Binse, dessen Glieder abgespannet sind, und gleichsam wie an einem Faden hangen, den seine Beine und Sehnen fast nicht mehr aufrecht halten können, der von einer Ecke zu der andern schwancket, dessen Tritte ausgleiten, daß die Zuschauer jedesmal einen Fall befürchten müssen, so kriege ich einen Abscheu ab der Truncfenheit; meine Ambition gestattet mir nicht, daß ich die Narrheit begehe, und mich vorsetzlich zu einem Objecte des Gelächters, und zu einem verächtlichen Schauspiel der ehrbaren und politen Welt machen solte. Auf gleiche Weise schrecken mich die Unruhe eines Geldgeitzigen, das Elend eines Scheelsehenden, der Kummer eines Eyffersüchtigen, die Narrheit eines Eigensinnigen, die Leichtsinnigkeit eines Verwegenen, die Extravaganzen eines Prahlers, 2c.

Wenn ich auf der andern Seiten ein Beyspiel von der Tugend, von der Großmüthigkeit in dem Unglück, von der Dapfferkeit, von der Redlichkeit, von der Modestie, von der Vergnüglichkeit, 2c. sehe, so treibet mich meine Ambition, durch eine ruhmliche Nachfolge ihnen ihre Ehre disputirlich zumachen; mein Willen wird durch diese Exempel so empfindlich gerühret, daß ich nicht eher ruhen kan, bevor ich den Ruhm erreichet habe, an welchen diese unsterblichen Exempel ihre Klugheit, Tugend und Erfahrenheit erhoben hat. Wenn ich die

Gemählde und Conterfaite meiner Vorfahren, kluger und berühmter Männern, die sich um das Vatterland durch ihre [X 3] großmüthige Tapfferkeit verdient gemachet, und desselben Freyheit mit ihrem eigenen Blut erkauffet haben, derer ruhmliches Angedencken keine Vergessenheit jemals auslöschen wird; wenn ich dieser ihre todte Gemählde und Bildnissen in meinem Cabinet anschaue und betrachte, so entglimmet in mir die Begierde und Liebe zur Tugend, ich höre sie von allen Ecken mir zuruffen: Was säumest du dich? mache dich auf und folge uns auf dem Wege der Tugend, den wir vorangegangen, und allbereit gebahnet haben. Seye eingedenck, daß dir die Güte des Himmels eben diejenige Kräffte geschencket hat, welche uns diesen Ruhm erworben haben. Ich werde dadurch getroffen, als wie von einem Donnerschlage.

Bey diesem Anlaß gebe ich euch eine Maxime; Daß es von einem unendlichen größern Nachdruck seye, wenn man die Morale durch die Exempel erlernet, als wenn sie in blossen Regeln vorgestellet wird: Eine raisonnirende Morale wird niemals so augenscheinliche Wirckungen thun, wie die historische, weilen sie nur den Verstand erleuchtet, da im Gegensatz diese den Willen, welcher das Principium aller unsrer Actionen ist, angreiffet, und die Emulation durch ruhmliche Beyspiele allein auf die Tugend fixiret. Horacens Vatter hatte diese Maxime wol zupracticiren gewußt; ich ergreiffe mit Lust diese Gelegenheit euch von der Aufführung dieses klugen Vatters zuunterhalten, weilen diejenige denen die Sorge der Auferzeuhung anvertrauet ist, an diesem Alten ein Exempel nehmen, und etwas Wichtiges von ihm lernen können. Wenn er seinem Sohn, dem jungen Horacen die Mäßigkeit und die Sparsamkeit beliebt machen wollen, so gabe er ihm die folgende Lection: Mein Sohn, sagte er, du hast an dem wenigen, das ich dir zusammengeleget habe, genug, wenn du es sparsam brauchest. Siehest du nicht wie der Sohn des reichen Albius mit Noth noch trucken Brod zufressen hat? Und wie Barrus aus anderer Leuten Mitleiden leben muß? Betrachte dieser ihr Unglück und werde klug. Wenn er ihm die Debauches schwartz mahlen wollen, so sagte er: Kennest du den Sectanus, folge ihm nicht nach; Hast du nicht gehört, wie man von Trebonius so übel redet, weil er in einem Hurenhaus ist erwischt worden; Dieses soll dich lehren, daß man sich nicht müsse von den schandlichen Passionen regieren lassen, und daß allein dieses ehrliche Divertissements sehen, welche weder die Vernunfft, noch die Gesetze verbiethen. Er wiese ihn auf das ruhmliche Exempel eines ihm bekandten Richters und redlichen Mannes, so offt er ihn zu einer honnêten That aufmuntern wolte, im Gegentheil wenn er ihn von einer schandlichen That abhalten wolte, so sagte er: **Wie! stehest du noch in dem Zweiffel, ob dieses schandlich seye? Du weissest ja wie diese beyde · · · so verachtet sind.**

Ich mache endlich noch diese Anmerckung, daß die satyrische Schreibens-Art vor allen andern den Vorzug habe: Der Mensch siehet seine eigene Flecken und Maasen, die ihn so häßlich verstellen, nicht ohne einen Spiegel; Eine gerechte Satyre dienet ihm nun an statt eines Spiegels, wenn er sich darinne beschauet, sie entdecket ihm die Häßlichkeit seiner Lastern, die ihm seine Selbstliebe verborgen hält, in fremden Exempeln, und erwecket in ihm ein Abscheuen vor denselben. Eine gleiche Wirckung thut eine gerechte Lob-Schrifft, wie an einem andern Ort weitläufftiger wird gezeiget werden.

Hannibal Carrache.

Zürich,
Bey Joseph Lindinner,
MDCCXXI.

XXII. Discours. [Bodmer.]

Quid faciam, præscribe. Quiescas. Ne faciam, inquis,
Omnino versus? Ajo. Peream male, si non
Optimum erat. — — —
Hor. Sat. I. Lib. 2.

Ich will dir diesen Discours wiedmen, mein Sinn, du hast Gebrechen die ich nicht verhehlen kan. Meine nachläßige Complaisance hat nur allzulange deine ungereimte Spiele gedultet. Aber, weil du es zugrob machest, so will dir jetz alles zusammen vorhalten.

Der dich höret von den Tugenden und Lastern neue Entdeckungen versprechen, und von den Meriten der berühmtesten Poeten unsers Landes unverschamt urtheilen, der würde meinen, daß du alleine

---

* Parodie.

ohne Fehler seyest, und Fuge habest zu discouriren und zu schreiben; aber ich, der weiß wie weit dir zu glauben ist, und der deine Gebrechen täglich an den Fingern herzehlet, ich lache, wenn ich einen so magern und schwachen Schreiber sehe das Richter=Amt auf seine Schultern nehmen, und in seinen störrischen Discoursen ein [y)] wilderes Geschrey machen, als der Charlatan Afranius. Welcher Unsinn hat dich getrieben dieses Buch zu schreiben? Kanntest du die Vortrefflichkeit des Originales, welches du aus dummer Kühnheit zum Modell genommen hast? Hattest du bedacht, wie grosse Vortheile dem Engeländer seine hohe Vernunfft, sein heisser Geist, sein Still=schweigen, seine polite Nation, vor dir gegeben haben? Und wustest du nicht, daß, wenn du ihn nicht erreichen würdest, die Knaben und die Mädchen auf der Gasse die Nase rümpffen, und dich ausschelten würden? Ich wußte es freylich, unterbrichst du mich, aber gesetzt daß meine Imitation noch so ungesalzen und närrisch ist, so kan sie doch den Nutzen haben, daß sie die Schönheit des Originales erhöhet, wenn man dieselbe gegen meine Unvollkommenheit stellet.

Wenn denn meine Remonstrationen nicht vermögend sind, dich von dieser Kranckheit zu schreiben gesund wieder herzustellen, so folge meinem Rathe, und schreibe Entrevües im Reiche der Todten, oder mache Romanen, die biß auf zehen Tome anwachsen, das sind Bücher in welchen du deinen capricieusen Geist alle Freyheit hast herauszulassen; da kanst du eine Once Witz um Golde verkauffen.

Aber, wirst du sagen, es ist schwerer † F** nachzuahmen, als den Zuschauer;* die Todten müssen besser moralisieren als die Sterblichen, sonsten würde es sich nicht der Mühe lohnen, sie reden zu machen. Es wären schon gnung Lebende vorhanden, unnützliche Sachen zu sagen. Und nicht ein jeder ist geschickt zehen Theile von eines grossen Helden hohen Thaten auf den Thon einer Scudery voll zu liegen. Menantes könnte es in Ermangelung eines Lohensteins thun, aber für mich ist der beste Rath ich bleibe davon. Ein solches Vornehmen ist mir zuschwer. Stiege ich hoch hinauf, so fiel ich wieder tieff hinunter.

Also redet ein furchtsamer Sinn, der unter einer affectierten Bescheidenheit eine satyrische Boßheit bedecket. Aber sollten dir gleich

---

† F** nennet sich der Deutsche Autor der Entrevües im Reiche der Todten.

* Dies ist Meinung des Herren Fontenelle, der selbst seine Todten vortrefflich moralisieren läßt, in der Dedication seiner Gesprächen der Todten an Lucian, in die Elysische Felder.

in der Lufft die Flügel schmeltzen, ist es nicht besser, daß du dich in den Wolcken verlierest, als daß du durch die Gassen der Stabt kriechest, denen Narrheiten des niedrigen Pöbels zu zuschauen. Ich mercke wo du hinaus willst, du flattierst deinem Nahmen mit der Unsterblichkeit, welche dein Original erhalten hat, aber siehest du bald, daß das Gerüchte nicht geneigt ist, dich auf seinem Rücken über unsere Lebens=Jahre hinaus zu tragen, man verkaufft deine Discourse mit dem Pfeffer beym Pfunde. Die gröste Ehre, die du davon bekömmst, ist diese, daß du sie zuweilen in einem Bande mit dem Pater Sonnenberg antriffst. Ich will dennoch se=[y 2]zen, daß das eigensinnige Glücke dein Werck bey unsern spätsten Enckeln bekandt machen werde, was hilfft es dir, daß man sie dermahleinst hochachte, wenn sie dir heute für Ehre Schande einbringen? Aber nein, ich irre, du hast die Feder angesetzt, in der frommen Meinung, die Leute klüger zu machen. Ist es möglich, daß du so wenig klug seyest, und andere klug machen wollest? Willst du diejenige Menschen klug machen, welche so viele hundert in Folio gelassen haben, wie sie sie gefunden? Lasse die Narren Narren sterben. Sie leben vielleichte freudiger als du, und düncken sich klüger. Dancke GOtt, daß er dir die Augen an die Stirne gesetzet hat. Was hättest du zulachen, wenn keine Narren mehr wären? Aber du,

Der du der andern Thun durch deine Hechel ziehst,

was, meinst du, urtheilen andere Leute von dir? Denn du siehest, wie es in der Welt gehet, wir schelten unsern Nachbar aus, er schiltet uns seinerseits wieder aus. Sie sagen ins gemein, daß man offtmals nicht wisse, welche Fliege dich gestochen habe, daß du glaubest es seye dir alles erlaubt, alle andere seyen Pedanten, Ignoranten und Barbaren neben dir, die weder die Gabe die guten und die falschen Gedancken zu unterscheiden besitzen, noch die fertige Imagination, noch die Kenntniß der Sprache, daß du ein Singularist seyest, der die Welt nach seiner Fantasey regieren wolle, daß dir auch die Entre=vües im Reiche der Todten nicht gefallen, die jedermann mit Ergetzen lißt, daß du, der ein so grosses Geräusche machet, von dem Raube reich worden, den du dem Engeländischen Zuschauer abgenommen habest, daß derselbe vor dir gesagt habe, Neukirch seye voll kahler Wort=Spielen, Cleria seye eine Pedantin, Emilie eine Spielerin, endlich, daß man dir Obrigkeitlich sollte verbieten zu schreiben, weil der gantze Stand Unehr und Schande von dir hat. Siehe da, in welchem Credit du stehest, willst du diese Klägden nicht schweigen machen, soll ich nichts anders auf der Gasse vernehmen als schmählen und brummen wieder dich? Antworte mein Sinn, es gilt Ernst, was sagst du?

Du sagst: Welch Geschrey! darff ich denn nicht in meinem Hause aufschreiben, was ich den gantzen Tag gedultig angemercket habe? Habe ich beyde mahle gefehlet, wenn ich ein Laster bestraffet und wenn ich es gethan? Wenn es gesündiget ist, ein Laster aus= üben, darff ich es nicht mit meiner Feder angreiffen und schwartz anmahlen? Ob ich mit meiner Schrifft die Leute nicht besser mache, so verwehre ich vielleicht, daß sie nicht schlimmer werden. Es stehen niemahls zwey Weiber aus der Kirche bey einander schwatzen, die nicht von ihren Nachbarinnen reden, und andrer Leuten Bezeigen in die Ordnung stellen. Und wollte GOtt, daß sie so gelind [Y) 3[giengen, als ich; sie verleumden die meisten mahle hinter dem Rücken, den sie in das Angesicht gelobet haben. Sie nehmen sich so gar offt= mahls die Freyheit von den Büchern zu urtheilen, und sie verlachen meine Discourse mit einer nicht minder gebietenden Minen, als ihre Männer thun; und mir will man das Maul verbieten zu brauchen? Und ich soll nicht dörffen über ihre Spitze und Carten=Poppen lachen? Ich hätte gedacht, daß mir der und dieser noch würde dancken, daß ich sie bekandt gemachet habe. Wer hätte ohne mein Zuthun gewußt, daß Pedatius ein Mathematicus ist, und daß Wandala tantzen kan? Wie viele Narren kan ich noch berühmt machen, derer Nahmen ohne mich in der Vergessenheit bleiben würden? Ich straffe doch nicht allezeit, und wenn ich wenig Leute lobe, so ist die Schuld nicht mein, daß ich wenig Lobenswirdige antreffe. Aber wenn ich einen Narren sehe der klug seyn will, wie Afron, der ein Gali= mathias, das mir in der Hitze zu schreiben entgangen ist, eintzig erhebet, und die guten Stellen, die mir die gesunde Vernunfft dictiert hat, ohne Quartier herunter machet, alsdann beläufft mir die Galle das Hertze, und ich brenne vor Begierde, diesen Narren dem Afranius beyzurücken: Und wenn mir nicht erlaubet ist zu schreiben, so will ich die Erde aufgraben, und wie jener Barbierer durch eine neue Erfindung die Rohre lassen ruffen: Midas, der König Midas hat Esels=Ohren.

Wäre es etwan meinen critischen Gegnern angenehmer, daß ich gereimte Verse schriebe, und mit Hoffmannswaldauischen Redens= Arten Flavien das Hertze vergäbe, daß ich ohne Hertze ihrem Haare in Gold=Bergwerck aufbauete,

Das Sonnenstrahlen selbst mit Ehren trotzen mag?

Soll ich in meinem Zimmer der Echo ruffen, und sie schäfferische Thorheiten mir nachschreyen lassen? Ich überlasse den verliebten Jecken diese gezwungene Sprache. Nein, ich bin nicht galant. Die Inclinationen sind ungleich; Milonius springt und tantzet, so bald ihm der Wein in den Kopff gestiegen ist, und ihn an statt einer Kertze zwo sehen läßt. Castor liebte die Pferde, Pollux ware ein Fechter; meine Freude ist, daß ich das Gute und das Böse, das ich sehe, auf einen Bogen Papier zusammentrage, und dem Caprice des Glückes überlasse, ihn in der Welt belobt zu machen, oder in Linbinners Boutique vermodern zu lassen; gleich achtend, daß man wisse oder nicht, wann ich nicht mehr lebend bin, daß ich Discourse gemachet habe.

Jedennoch, wenn es je seyn muß, und sich die Klägden der Leuten nicht anderst wollen stillen lassen, will ich den Stylum ändern; ich erkläre mich demnach, daß der Autor der Entrevües im Reiche der Todten ein Lucianus und ein Fontenelle, daß Menantes die Sonne der Poeten, daß Emilie eine vernünfftige Spielerin, daß Afranius der Phenix der hohen Geistern, daß die Menschen überhaupt weiß, geistreich, standhafft, und daß sie das Gute und das Falsche unfehlbar zu unterscheiden wissen, endlich wenn meine Schrifft wenig Liebhaber findet, daß ich niemand, als mich selbst und meine eigene Dummheit anzuklagen habe, und daß ich nichts bessers thun kan als schweigen.

Die Gesellschafft der Mahlern.

Zürich,
Bey Joseph Linbinner,
MDCCXXI.

XXIII. Discours. [Bodmer und Breitinger.]

— — — Vos o
Pompilius sanguis, carmen reprehendite quod non
Multa dies & multa litura coercuit, atque
Perfectum decies non castigavit ad unguem.
Hor. A. P.

Ein Autor, der die Methode braucht, seine Gedancken in wochentlichen Blättern herauszugeben, hat einen Vortheil, welchen derjenige nicht genißt, der auf einmal ein gantzes Buch unter die Presse leget. Dieser Vortheil ist, daß er von den Urtheilen, die über ein jedes von seinen Blättern gefällt werden, von Wochen zu Wochen witziger gemachet wird. Die vernünfftigen Urtheile die er auffasset, und die von den politen Menschen, die sie geben, allezeit mit Beweiß-Gründen und Erklärungen begleitet werden, entdecken ihm seine Fehler und verbesseren seine Begriffe: Auch selbst diejenige Urtheile, welche die Unachtsamkeit, die Unwissenheit und die Mißgunst fertig sind zu sprechen, sind ihm nützlich, indem sie ihn auf der einen seiten lehren, klar solid und behutsam schreiben, und ihm auf der andern seiten die Häßlichkeit entdecken, in welcher sich die Leute von diesem Caractere bloß geben.

Dieses ist eine Reflexion, welche unsere Gesellschafft schon gemachet hat, bevor sie noch die Hand an dieses Werck geleget, und welche ihr den Muth vermehret hat, dasselbe zu unterfan-[3]gen. Wenn wir so glücklich nicht sind, gedachten wir, die Leute besser zumachen, so ist doch gewiß, daß sie uns besser machen werden. Dieses hat auch völlig eingetroffen, was die Vortheile angehet, die wir uns von den Urtheilen der andern Gattung versprochen, insonderheit haben wir daraus den regierenden Geschmack unserer Stadt, und vielleicht der gantzen Schweiß über den Punct der Büchern gelernet: Aber was diejenigen Lehren betrifft, die wir von den vernünfftigen Criticis erwartet haben, da müssen wir bekennen, daß unsere Hoffnung bißher nicht erfüllt worden, und daß wir sehr wenig aufgefangen haben, es seye daß diese raisonnierende Critici unsere Schrifft der Critiq nur nicht werth geschätzet, oder es seye (denn man muß nichts vergessen) daß wir wenig vernünfftige Criticos haben. Es ist wahr, daß wir einige gefunden, die uns sehr gute Einschläge gegeben, aber die allzukurtz waren, und sich nicht auf

Specialia hinunterliessen. Dem seye wie da will, da wir indessen selbst unsere Discourse wieder durchgesehen, und viele Stellen gefunden, die uns nicht mehr anstuhnden, haben wir darum, weil man sich nicht so viel Mühe giebet, uns in die Charten zu sehen, doch nicht unterlassen wollen, solche sorgfältig zu bemercken und zu verbessern. Ein andrer hätte können gedencken: Was beweget mich, daß ich meine Fehler selbst bekandt mache? Die wenigsten werden sie wahrnehmen, und diese werden Mühe haben Glauben zuerhalten, denn ob ich gleich setzte, daß ihre Critiq vernünfftig wäre, so ist das Vernünfftige nicht dasjenige, das am geschwindsten geglaubt wird. Wir aber meinten, daß wir unsern Lesern nicht besser einen Begriff von unsrer uninteressierten Liebe für die Wahrheit machen könnten, als durch die Aufdeckung unsrer eigenen Fehlern; die Passion für die Wahrheit muß bey einem Schreiber die stärckste seyn, und diese hat uns geholffen die Verbesserungen machen, mit denen wir diese Blätter angefüllet haben.

S. 5. Z. 1. & sqq. Der ein Buch - - - erfolgen werde. Verändert es: Ein Autor, der wol beredt ist, der die Kunst zu meditieren in einem hohen Grade besitzt, der eine grosse Kenntniß der Sachen zuwegen gebracht hat, wenn er ein Buch in die Welt ausgehen läßt von dem die Materie wol außerlesen, mit guten Vernunffts=Gründen unterstützet, und alle Gedancken in ihrer wahren Proportion und natürlichen Schönheit ausgebildet sind, hätte zwar Recht zu gedencken, daß seine Schrifft sollte gekaufft und gelesen, und die Mühe die er darauf gewandt, von dem erfolgenden Nutzen reichlich bezahlt werden; so lang er die Aufnahm derselben allein nach ihrer Güte abmißt. So bald er aber rc.

S. 6. Z. 22. Und einen tiefssinnigen Geist. Streichet diese Worte durch.

S. 6. Z. 25. Zubisintricieren. Ubersetzet es: Loßzuwickeln.

S. 6. Z. 39. Dies alles - - - zubeschneiden. Streichet es durch, und setzet: Dies alles ist nun capabel, dem Autor die billige Furcht einzujagen, daß sein Buch, weil es gut ist, darum nichts desto besser werde aufgenommen und werthgehalten werden.

S. 7. Z. 10. Die lebhaffte Imagination. Streichet durch. [Z 2]

S. 7. Z. 11. Für welche sie schreiben und. Hinaus.

S. 7. Z. 18. So sind sie sicher. Leset: So können sie hoffen.

S. 7. Z. 25. Diese Hoffnung die. Leset: Der Wahn, den.
S. 7. Z. 37. Reussite. Leset: Aufnahm.
S. 8. Z. 13. Entibus: Wesen.
S. 8. Z. 15. Membra. Leset Glieder.
S. 10. Z. 13. An die Autores der Donnerstags=Discoursen: An die Mahler.
S. 11. Z. 3. Wie gütig = = geschencket hat. Schreibet: Wie gütig ist das Glück gegen mich, das mir einen Freund in die Armen liessert.
S. 12. Z. 18. So bald ihr das Objectum ihrer Hoch=achtung eine gleiche Inclination wird mercken lassen. Besser: So bald wir eine gleiche Inclination gegen sie werden mercken lassen.
S. 12. Z. 35. Reciprocierlichen. Abwechselnden.
S. 12. Z. 36. Benevolentz: Gewogenheit.
S. 13. Z. 8. Daß nichts als die Schneide des Todes capabel ist, diesen harten Knopff der Freundschafft aufzulösen. Verändert: Daß nichts als der Tod, der alles zerreisset, starck gnug seye, dieses feste Band der Freundschafft auf=zulösen.
S. 13. Z. 19. Attaques. Leset: Anfällen.
S. 14. Z. 3—10. Ich will zwar nicht sagen = = = fastidire &c. &c. Ich will für die Richtigkeit des Verstandes dieser Worten nicht Bürge seyn.
S. 14. Z. 21. Sexe. Ubersetzet: Geschlechte.
S. 14. Z. 26. Diese Liebe denn welche ich Freund=schafft nenne, setzet sich die Ehe zum Ziel ihrer Wünschen. Kehret es um: Dieselbe Freundschafft denn, welche ich Liebe nenne, setzet sich 2c.
S. 15. Z. 19—24. Die Furcht beklemmt = = verstocket. Vergleichet diese Beschreibung der Furcht mit derjenigen, welche Des=Cartes in seinem Buch von den Passionen der Menschen machet.
S. 19. Z. 8 bis Schluß. Im übrigen ist überall = = ein Ende mache:

— — — — Corrige sodes,
Hoc, ajebat, et hoc. Melius te posse negares
Bis terque expertum frustra. Delere jubebat.
          Hor.

S. 21. Z. 27. Dieselbe. Leset: Die Societet.
S. 23. Z. 8. Verzweiffelten. Leset: Verwegenen.

S. 25. Z. 22. Und die meisten von den Chronick=
Schreibern des Schweitzer=Landes. Streichet durch.

S. 28. Z. 4. Nach dieser Zeilen ist das folgende einzurücken:
Lasset euch gefallen hier zubemerken, wie der Historicus gewust
hat, die Vermischung der Passionen so geschickt aus einander zu
lesen. Wie subtil ist dieses: Er ware wie ein Falck darauf
sich von anderer Leuten Gut zu bereichern; mit dem
seinen gieng er verschwenderisch um. Diese Vermengung ist
es, welche die Menschen am meisten unterscheidet; die Haupt=Passionen
sind bey vielen Leuten die gleichen.

S. 31. Z. 23. Unordenlich. Streichet durch. [ZZ]

S. 33. Z. 13. Die Finsterniß, welche diese undeutsche
Versetzung über den Discours streuet, wird sich verlieh=
ren. Leset: Diese undeutsche Versetzung streuet eine Finsterniß über
den Discours welche sich verliehren wird ꝛc.

S. 36. Z. 30. Hat niemals mehr Geschäffte als wenn
er müssig ist. Leset: Ist niemals mehr beschäfftiget, als wenn
seine Machine ruhet.

S. 40. Z. 23. Dieser hatte seine Großmutter gekandt
= = hatte.

— Veteres avias tibi de pulmone revelle.

Pers. Sat. I.

S. 41. Z. 25. Einen Schneider. Thut ihn hinweg.

S. 41. Z. 32. Der Gemahlin = = hinweise. Leset: Diesen
Maitraissen gleichet, von welchen die verliebten Poeten so schöne
Beschreibungen machen, und euch auf dieselben hinweise.

S. 42. Z. 36. Calculo: Renten: Sufficient: Depense: Plai=
sirs: Concept: Commoditeten.

— — — — Latine
Quum Pedius causas exsudet Poplicola, atque
Corvinus, patriis intermiscere petita
Verba foris malis, Canusini more bilinguis.

Hor. Lib. I. Sat. 10.

S. 43. Z. 24. Jaspis. Deleatur.

S. 44. Z. 16. Zu brauchen: Zu schärffen.

S. 46. Z. 3. Welche sie: Die solche.

S. 51. Z. 2. Unwissenheit: Tollheit.

S. 53. Z. 23. Espece. Deutsch: Gattung.

S. 54. Z. 3. Nach den Worten wachsen läßt, setzet einen
Punct, und fahret fort: Diese Unterschiedenheit äussert sich nicht

nur, wenn ihr einen Menschen mit einem andern vergleichet, sondern auch wenn ihr ihn vor sich selbst, und alleine betrachtet, er ist nicht nur von andern unterscheiden, sondern er ist auch sich selbst niemals gleich, seine Begierden und Neigungen sind so unbeständig, und wechseln so offte ab, daß Ennius recht gehabt hat zusagen:

> Imus huc, hinc, illuc, cum illuc ventum ire illinc lubet,
> Incerte errat animus, præter propter vitam vivitur.

Denn erweget wol, ꝛc. Streichet durch von Und also ist es, biß, alleine betrachtet.

S. 54. Z. 27—31. Alle diese unterschiedene ‐ ‐ einig sind. Streichet alles was zwischen diese Worte eingeschlossen ist, durch, und schreibet auf ihren Platz: Diese Ungleichheit der Menschen unter einander, und diese Unbeständigkeit die sich in einer jedweden Person absönderlich ereignet, kommen mir um so viel wunderlicher für, und mahlen mir die Fantasterey des menschlichen Gemüthes um so viel grösser ab, weil sie derselben ungeachtet samtlich ein gleiches Ziel verfolgen: So ungleich die Situationen sind, in welche eine einzige Person nach einander fällt, da sie sich in einer Stunde von differenten Passionen bewegen und verändern läßt, so hindert dieses doch nicht, daß nicht ein jeder von diesen Affecten den einzigen und gleichen Zweck habe, nemlich sein Vergnügen zu machen; Und das ganze Geschlecht der Menschen ist durchgehends und niemand ausgedungen in diesem Punct einig, daß sie alle gleich, ꝛc.

S. 59. Z. 21. Verletzt. Schreibet es mit unterscheidender Schrifft.

S. 60. Z. 34. Nach gegriffen hat setzet ein ꝛc. und schlaget die Verse so auf diese folgen in dem Poeten nach.

S. 61. Z. 5.

Ein Baum wars, nur ein Baum dran solche Früchte sassen ꝛc.

Ich lasse dem Herrn. Canitz Recht wiederfahren, und bekenne, daß ich hier eine schöne Allegorie für ein Wort=Spiel genommen habe.

S. 69. Z. 2. Auf: Uber.

S. 69. Z. 20. Wird die schädliche Wirckungen ‐ ‐ finden: Wird leicht ermessen können, wie schädliche Folgen es habe, daß ein Vatter seinem Sohn durch eine so gebietende und unvorsichtige Aufführung den Muth nimmt, sich ihm zu vertrauen und erkennen zu geben.

S. 74. Z. 34. **Fähig**: Fertig.
S. 76. Z. 21. Es sind Leute = = = erfinden. Verändert: Es sind Leute, welche mehr auf das viel Wissen als auf die Tugend halten.
S. 77. Z. 17. Welches der kurtz=gefaßte Caractere der Pedanten ist. Leset: Welches die kurtze Beschreibung der Pedanterie ist.
S. 77. Z. 19. Diesen Titel: Den Titel des Pedanten.
S. 77. Z. 37. Er erhebet niedrige = = = boßhafftigen Lächeln.

Occidit miseros crambe repetita Magistros.
Juv. Sat. 7.

S. 86. Z. 23—28. Ich glaube nicht = = bloß geben. Diese Periode kan ohne Schaden ausgelassen werden.
S. 87. Z. 24. Ceremonien: Tändeleyen.
S. 87. Z. 27. Weil sie überflüssig sind: Weil der Mensch nicht nöthig hat sie zu verrichten, weder um seine Gesundheit noch um seine Glückseligkeit zu machen.

Die Mahler.

Zürich, bey Joseph Lindinner, MDCCXXI.

XXIV. Discours. [Breitinger.]

— — — Spoliisque superbus
Alceides aderat, taurosque hac victor agebat
Ingenteis, vallemque boves, amnemque tenebant,
At furiis Caci mens effera — — —
Quattuor à stabulis præstanti corpore tauros
Avertit, totidem forma superante juvencas,
Atque hos, ne qua forent pedibus vestigia rectis,
Cauda in speluncam tractos, versisque viarum
Indiciis raptos, saxo occultabat opaco.
Quærentem nulla ad speluncam signa ferebant,
Interea, cum jam stabulis saturata moveret
Amphytrioniades armenta, abitumque pararet;
Discessu mugire boves, atque omne querelis
Impleri nemus, & colles clamore relinqui.
Reddidit una boum vocem, vastoque sub antro
Mugiit & Caci spem custodita fefellit.
Virgil. Æneid. Lib. 8. v. 202. seqq.

Der folgende Brieff ist unserer Gesellschafft gleich zu einer Zeit eingegangen, als sie beschäfftiget ware, einen Entschluß zu machen, ob sie ihre Discourse mit Registern versehen, oder ohne dieselben hinaus fertigen wollte. Die Drohung mit welcher Biblophilo denselben geschlossen hat, daß er ihren Schrifften keinen Platz in seiner Bibliothec wolle geben, wofern sie nicht mit ei=[A a]nem guten Register begleitet werden, hat uns sämtlich lachen gemachet, weil sie die Gedancken derjenigen Gelehrten, die ihren Ruhm allein den Registern abgeborget haben, und ohne derselben Hilffe in der buncteln Vergessenheit geblieben wären, lebhafft ausdrücket.

Meine Herren,

Ich kan euch sonder Eigenliebe versichern, daß ich ein grosser Liebhaber der gelehrten Schrifften bin: Ich bringe die meiste Zeit meines Lebens mit Lesen durch, und die Passion, die ich habe gelehrt zu werden, ist so groß, daß sie von meiner angebornen Ungedult nicht hat können geschwächet werden. So offt ich die Flüchtigkeit des menschlichen Lebens, und die fast unermeßliche Weitläufftigkeit der Wissenschafften in meinem Kopff gegen einander abwege, finde ich mehr als genug Ursachen, mit Thränen zu beklagen, daß unser

Leben in so enge Circkel eingeschlossen worden. Die Menge der gelehrten Büchern, welche heut zu Tage zum Vorschein kommen, und mein schwaches Gedächtniß, würden mir die Hoffnung ein Gelehrter zu werden, gäntzlich benehmen, wenn ich dieselbe auf der andern Seiten nicht unberstützen könnte, durch die Betrachtung des grossen Fleisses, welchen die Gelehrte zu Ausfertigung vollständiger Registern uber ihre Schrifften aufwenden: Diese ersetzen uns den Mangel unsers Gedächtnisses reichlich; ich halte daß sie die Seele der Büchern seyen, und die Orackel, bey denen wir in allen Schwirigkeiten ohne grosse Mühe Rath holen können. In dieser Absicht habe ich eine ansehnliche Bibliothek von den berühmtesten Schreibern gesammelt, und ich bin äusserst sorgfältig gewesen, nur diejenigen Editionen zu erwehlen, die mit den vollkommensten Registern versehen waren. Ihr Herren, ich bin einer von denen, die eure wochentliche Arbeit mit einichem Vergnügen durchlesen, und ich werde derselben einen Platz in meinem Bücher-Saal mit dem Bedinge gönnen, daß ihr sie mit einem accuraten Register versehet: In Erwartung dessen verschreibe mich 2c. 2c.

Biblophilo.

So wol grosse als gemeine Leute stehen in dem Wahn, daß die Gelehrtheit einen merklichen Vorzug vor der Weißheit habe, sie meinen, weil jene mehr Geräusche mache, so müsse sie nothwendig vortrefflicher seyn weder diese; denn sie sind gewohnet, die Güte einer Sache nach ihrem auswendigen Ansehen und nach dem Klang zu beurtheilen: Dahero ist es kommen, daß diese Leute sorgfältiger sind, die Schatz-Kammer ihres Gedächtnisses mit frembem Gut anzufüllen, als aber die Kräffte ihrer eigenen Seelen, des Verstandes und [Aa 2] des Willens hervorzuruffen und gelten zu machen. Sie haben diese löbliche Maxime fest gestellet: Wenn einer in der Welt sein Glück machen, und sein Ansehen hoch treiben wolle, so dörffe er nichts anders thun als ein unermüdeter Leser seltsamer Büchern werden, und die artigsten Reden und merckwirdigsten Thaten berühmter Männern in das Gedächtniß auffassen. Sie lesen die Bücher nicht, daß sie dardurch ihren Verstand aufklähren, daß sie ihre Begierden zu dem Guten und Tugendhafften lenken, oder daß sie ihre Thaten nach den Gesetzen der Vernunfft ausmessen; Sie haben weit grössere und nützlichere Absichten; Sie sammeln sich daraus eine Wissenschafft der seltsamsten Begebenheiten, oder der verborgensten Gebräuchen; denn das giebet ihnen Materie in den Conversationen sich hören zu lassen, und sich bey den Unwissenden venerabel zu machen.

Der ein glückliches Gedächtniß besitzet, hat niemand weder sich selbst anzuklagen, wenn er nicht gelehrt wird; der hingegen ein flüchtiges Gedächtniß und dabey die Ambition hat gelehrt zu werden, der muß die Kunst zu Hilffe ruffen, und bedacht seyn, den Mangel des Gedächtnisses dadurch zu ersetzen: Diese letztern sind es, welchen man die Erfindung der Locorum Communium, der Lexicorum und der Registern zu bancken hat; Eine Erfindung, welche die Wissen=schafften in den Flor gebracht hat, in welchem sie heut zu Tage stehen. Wenn ich ein wenig untersuche, wie es komme, daß sich zu unsern Zeiten so viel gelehrte Köpffe aller Orten hervorthun, und daß sich die Bücher von Tage zu Tage so unendlich vermehren, so finde ich alsobald daß dieses eine Wirckung der Registern sehe: denn seit dem dieselbe zur Mode worden sind, ist der Weg zu der Gelehrtheit um ein merckliches leichter und näher; es kostet keine grosse Mühe den prächtigen Titel eines gelehrten Mannes zu erkauffen. Der eine weitläufftige Bibliothec zu seinen Diensten hat, der ist schon geschickt genug ein Autor zu werden, er darf nichts anders thun als sich eine Materie erwehlen, und die Gedancken seiner Autorn darüber aus den Registern zusammen holen.

Pantolabus ist einer von diesem Charactere, er hat sich durch dieses Mittel in den Ruff eines gelehrten Critici und Antiquarii gesetzet, er besitzet eine vortreffliche Bibliothec, ihr findet bey ihm die kostbarsten Editionen von den Griechischen und Römischen Schreibern, er hat sich erst vor kurtzer Zeit alle Lateinische Autores angeschaffet, welche zum Gebrauche des Dauphins sind heraus gegeben worden, weil sie mit den vollkommensten Registern über alle Wörter versehen sind. Er nennet sein Studir=Zimmer den Parnasse, und die Register der Büchern Castalische Brünnen, aus denen man alle Wissenschafften ohne grosse Mühe schöpffen kan: Wenn ihr ihm etwas zu beurtheilen [Aa 3] vorleget, so ist er fertig euch die Antwort aus seinen Büchern nachzuschlagen; Dießmalen ist er beschäfftiget, die Sprache der alten Helvetier, derselben Ursprung, und die Veränderungen die sie vor und zu Julius Cäsars Zeiten gelitten hat, zu entdecken. Ihr werdet ihn darüber in seinem Musee antreffen, wo er an seinem Pult sitzt, und von einer grossen Menge Bücher ploquiret wird, ihr werdet ihn sehen eine Weile die Register derselben durchblättern, und bald darauf ein paar Zeilen auf ein Papier hin schmieren, hernach die Raspel mit einem neuen Eiffer in die Hande nehmen, biß sich wieder ein Stück zu seiner Rhapsodie presentiert. Es ist kein Zweifel, der=jenige, der mit einer zahlreichen und außerlesenen Bibliothec ver=

sehen ist, kan heut zu Tag den andern den Vorzug der Gelehrtheit leicht abgewinnen. Wer an die Zeiten unsrer Voreltern zurück gedencket, da die Erfindung der Registern noch unbekannt gewesen, wird diese grund=gelehrte Männer mit Verwunderung ansehen müssen, welche dasselbe Seculum hervorgebracht hat: Damalen kostete es unendlich mehr Gedult, Fleiß und Arbeit, sich in den Credit eines Gelehrten zu setzen, als heut zu Tage: Wir leben nemlich in denen glückseligen Zeiten, in welchen man den Ruhm der Gelehrtheit wie einen jeden andern um das Gelt erkauffen kan. Wenn es denn möglich wäre die Mode der Registern wieder abzuschaffen, so würde man sehen, wie mancher Gelehrter einsmals zum Stillschweigen getrieben, und mancher Buchdrücker nichts mehr würde unter die Presse zu legen haben.

Ich bin zu furchtsam, als daß ich mich unterstehen dörffte die Autoritet der Registern gäntzlich zu vernichtigen, und also die gesammte Zunfft der Gelehrten wieder mich in den Harnisch zu jagen; Wer ihre Hitze kennet, der wird sich wol hüten ihren Zorn zu reitzen: Darum will ich jetzo euch nur im Vertrauen und als wie in das Ohr sagen, daß diejenige, die sich um die Wissenschafften mehr als um die Weißheit bekümmern, dieses grosse Lob nicht halb verdienen, das man ihnen ins gemein beyleget.

Ich fahre sachte über diesen Punct hin, und mache eine An=merckung, daß ein Mensch, der aus den Büchern keinen andern Nutzen suchet als klüger zu werden, die Register ohne den wenigsten Schaden entbehren kan: Denn ein solcher lieset keine andre Bücher, als diejenige, die ihn lehren seine Vernunfft gebrauchen, die Vorurtheile ablegen, die Affecten in dem Zaum halten, die ihn zu der Tugend und der Frömmigkeit unterweisen: Er giebet sich keine Mühe, die Regeln einer Philosophischen oder Moralischen Schrifft in das Gedächtniß zu zwingen; aber er läßt sich angelegen seyn, dieselben in den Wercken auszudrücken: Er machet keine Profession von dem Vielwissen, und darum hat er auch keine Behelffe des Gedächtnisses vonnöthen.

Ich will setzen daß die Register anderstwo nicht ohne Nutzen seyen, aber in den Philosophischen und Moralischen Büchern haben sie für einen guten Leser nicht den geringsten. Keiner als ein schlimmer Leser, der die Gedult nicht hat, oder die Zeit nicht nimmt sich über seinem Moraliste aufzuhalten, oder dem durch gefaßte Vorurtheile der Verstand in die Gedancken seines Buches einzudringen gehemmet wird, hat nöthig ein Register über ein solches Buche zu verlangen.

Unsere Geselschafft hätte demnach das Register über ihr Werck ohne Schaden können wegbleiben lassen, wenn sie hätte hoffen können lauter gute Leser zu haben; aber, denen Lesern von der andern Gattung zu gefallen, hat sie sich entschlossen einen jeden Theil ihrer Discoursen mit einem Register zu begleiten; Sie ist nicht gemeint, daß sie jemand daraus gelehrter mache, und daß sie ihm den Anlaß gebe ihre Blätter zu der Vermehrung seines Ruhms oder seiner Schrifften zu miß=brauchen; Sie hat nur zum Zweck ihre Neben=Menschen besser und vernünfftiger zu machen, und das Register, welches sie euch künfftigen Donners=tag mittheilen wird, muß nicht anderst gebraucht werden, als wie ein Schlüssel, der euch die eigentliche Intention der Autorum eröffnet, manche Stelle, die dunckel scheinet, erklärt, und viele Sachen die ihr in der Durchlesung habet verfliegen lassen, vor die Augen leget.

Hans Holbein.

Zürich, bey Joseph Lindinner, MDCCXXI.

Register.

Congeriem secuit, sectamque in membra redegit.
Ovid. Metam. Lib. I.

A.

Anagrammata, sind Wort-Spiele. M. 3. b. 62
Auferzeuhung, Fehler die in derselben gemacht werden. J. 2. O. 1. 46. 69
 Eine Regel derselben. X. 4. 104

B.

Beschreibungen, auch die Beschreibungen grausamer und häßlicher Sachen ergetzen. U. 1. b. 98
 Woher dieses Ergetzen komme. U. 2. 98
Braut-Geschencke, sind unnöthig und närrisch. B. 4. 15
Brunst, was sie von der Liebe unterscheide. B. 4. 14
Bücher, warum die schlimmen begehrter als die guten. A. b. 6
 Warum die historische beliebter als die raisonnierende. J. 1. b. 45

C.

Caractere, was die historischen seyen. E. 2. 26
 Nutzen der historischen Caracteren. E. 2. b. & seq. 27
 Die größte Kunst der historischen Caracteren ist, daß sie die vermengten Passionen geschickt aus einander lesen. Z. 3. [Bb] 113
 Exempel eines solchen aus Sallustie von Catilina. E. 3. 27
 Exempel eines andern von den ersten Eyds-Genossen. E. 4. b. 29
Caractere, einer Moden-Jungfer. H. 40 ff.
 Eines Zornigen. X. 2. b. 103
Criticus, muß ein guter Leser seyn. Sihe Leser.

E.

Ehe, was sie seye. B. 4. 14
Eigenliebe, sie ist eine nützliche Passion = K. 1. 49
Einsamkeit, warum sie vielen Leuten unerträglich seye. G. 1. 35
 Wen sie ergetze. G. 2. K. 2. b. 36. 51

F.

Frauenzimmer, seine gemeinen Geschäffte. H. 2. U. 3. 41. 99
 Ursachen seines Verderbens. H. 4. U. b. 44. 97
Freundschafft, ihre Genealogie. B. 1. & seq. 11 ff.
 Sie wird von der Eigenliebe befördert. B. 2. 12

Freundschafft, ihr Nutzen. B. 2. b. 13
   Beschreibung einer wahren, die sich nirgend findet. B. 3. 13
   Pflichten der Freundschafft. B. 2. b. 13
   Worinne sie von der Liebe unterscheiden seye. B. 3. b. 14
   Findet nicht statt zwischen Eltern und Kindern. B. 4. b. 15
Furcht, die vor dem Tod ist tödlich. C. 1. 15
   Woher sie entspringt. C. 3. 17
   Mittel wider dieselbe. C. 1. b. & seqq. 16 ff.

G.

Gespräche, die Gespräche der Todten des J** observieren den eigenen Caractere dieser Gattung Schrifften nicht. H. 2. 106
Glückseligkeit, die Menschen haben weit unterschiedene Begriffe davon. L. 3. b. 56
   Was sie davon entfehrne. R. 1. 82
   Was sie zur selben führe. R. 1. b. & seqq. 82 ff.

H.

Halb-Narren, Beschreibung derselben. L. 3. 55
Historie-Schreiber. Eintheilung derselben. C. 1. 25
   Ihr Caractere. Ibid. & seq. 25 f.

J.

Imagination, die Manier die sie braucht, sich zu bereichern. T. 2. 93

K.

Kenntniß seiner selbst soll das erste Geschäfft eines Meditierenden seyn. N. 2. 65
   Was sie seye. Ibid. 65
   Ihr Nutzen. R. 81 ff.
   Mittel, sich selbst bekandt zu werden. N. 2. b. 66
   Nachteil eines Menschen der sich selbst verborgen ist. N. 3. 66

L.

Leser, seine Requisita. A. b. 6
Liebe, worinne sie von der Freundschafft unterscheiden. B. 3. b. 14
Land-Leben, seine Vortheile. Siehe **Einsamkeit,** und G. 3. & seqq. 37 ff.
Logiq, ein Systema derselben. J. [Bb 2] 45 ff.

M.

Medici, können die Leute am besten kennen lernen. D. 1. 20
Meditieren, wie es anzugreiffen seye. J. 3. & seqq. 47 ff.
   Was es seye. J. 4. 48
   Ist lustig. K. 2. & seqq. 50 ff.
   Man ist obligiert zu meditieren. K. 4. N. 1. 52. 65
Mensch, seine letzten Verrichtungen entdecken seinen ganzen Lebens-Lauff. D. 20 ff.
   Man kan nicht von ihm urtheilen, bevor er gestorben. D. 4. 23
   Fantasterey des menschlichen Gemüthes. L. 1. & seq. 53 f.
   Alle Menschen suchen die Glückseligkeit, aber auf unterschiedenen Wegen. L. 2. 54
   Eintheilung der Menschen. L. 2. b. 55

[Register.]

Moralist, er muß keine historische Caracteren machen. U. 4. 100
Morale, die raisonnierende ist zu schwach uns von dem Laster
  abzuschrecken. X. 1. 101
  Die historische ist stärcker als die raisonnierende. X. 2. 102

N.

Narren, Beschreibung derselben. L. 3. 55
Natur, sie ist die einzige Lehrerin der Schreibern, so wol als der
  Mahlern und Bildhauern. U. 1. 97

O.

Opinionen, sie machen den Menschen gleichgültig für den Tod. C. 2. b. 17

P.

Passionen, sie sind öffters stärcker als die Vernunfft. X. 1. 101
Pedanterie, derselben Ursprung. Q. 1. 76
  Beschreibung derselben. Q. 1. b. 77
  Was sie kanntlich machet. Q. 2. 77
  Caractere eines Pedantischen Bürgers. Q. 3. 78
  Caractere einer Pedantischen Jgfr. Q. 3. b. 79
  Caractere eines gelehrten Pedanten. Q. 4. 79
Philosophen, dieselben studieren die letzten Reden der Sterbenden,
  und warum. D. 1. & seqq. 20 ff.
Poet, eine von seinen vornehmsten Qualiteten wird beschrieben. T. 1. 91
  Die Raserey der Poeten. T. 4. b. 96

R.

Raillerie, derselben Genealogie. S. 1. 86
  Was ihr unterworffen seye. S. 1. b. & seqq. u. S. 4. 86 ff. 90
Raserey, was die Poetische seye. T. 4. b. 96
Rede, was sie dunckel mache. F. 2. u. F. 3. 31. 32
  Ihr Modell. F. 4. 34
Register, von wem sie erfunden worden seyen. A. a. 2. b. 118
  Ein guter Leser, der aus den Büchern allein sucht klüger zu
  werden, kan sie ohne Nachtheil entbehren. A. a. 4. u. b. 119

S.

Satyre, ihr Vorzug vor andern Schreibens=Arten. X. 4. b. 105
Schreiber, er kan sich keine durchgehende Approbation versprechen. A. b. 5
  Er muß einzig sorgfältig seyn, den politen Menschen zu ge=
  fallen. A. 2. b. 7
  Er kan sich in der Beurtheilung seiner Schrifft leichtlich be=
  trügen. A. 3. 7
  Wie er sich zu verhalten habe, im Fall er sich betrogen
  findet. Ibidem. 7
  Eine von seinen vornehmsten Bemühungen muß seyn, die Natur
  zu lernen. U. 1. u. b. 97
  Worinne er dem Mahler und dem Bildhauer vorzuziehen. U. 2. b. 98
  Worinne diese beyde ihn übertreffen. U. 3. [Bb 3] 99
  Vortheil eines Schreibers, der seine Gedancken in fliegenden
  Blättern herausgiebet. Z. 1. 110
  Er muß sich nicht entsehen seine eigene Fehler zu bekennen. Z. 1. b. 111

Societet, sie giebet den Anlaß zur Verstellung. D. 1. b. 21
 Sie hat ihren Ursprung in dem Eigennutzen. D. 2. 21
Sohn, ist pflichtig seinem Vatter sein Temperament zu entdecken. D. 2. b.
  & seqq. 70 ff.
Spiel, das Brettspiel und das Cartenspiel werden railliert. P. 1. b. 73
 Das Spielen ist unvernünfftig. P. 2. 73
 Das Bēten=Spiel rücket den Spielern ihre Brutalitet vor. ibid. 73
 Man kan die Leute bey dem Spielen kennen lernen. P.3.b. & seqq. 75 ff.
 Wie das Spielen der Jgfr. Emilien geschadet. P. 3. b. u. 4. 75 s.

T.

Tod, er ist nichts. C. 1. 16
Traurigkeit, ihre Würckungen. K. 1. b. 49

V.

Vernunfft, Ursachen ihres Verderbens. J. 2. 46
 Mittel sie wieder herzustellen. J. 3. u. seqq. 47 ff.
Verstellung, woher sie entspringt. D. 1. b. 21
 Wie sie zu entdecken. R. 3. b. & seq. 84 s.

W.

Weiße, Beschreibung derselben. L. 3. 55
Weißheit, sie bestehet in der Kenntnis seiner selbst. N. 4. 67
Wolredenheit, ihre erste und vornehmste Regel. T. 1. 91
Wortspiel, Definition desselben. M. 1. 59
 Unterschiedene Gattungen desselben, nebst beygefügten Exempeln
  aus unsern deutschen Poeten. M. 1. b. & seqq. 59 ff.
 Sie sind so närrisch als gemein. M. 3. 61

Z.

Zuschauer, des Engelländischen Lob. A. 3. b. & seq. 8 f.
 Warum er so beliebt ist. A. 4. 9
 Es ist nützlich, daß ein jeder Mensch ein Zuschauer seye. T. 101

NB. Der Capital=Buchstaben zeiget den halben Bogen; die Zieffer das Blatt, und das b. nach demselben den Reverse von solchem. Die Leser dieser Blättern werden ferner avertiert, daß den folgenden Donners=Tag die Rubriq und die Dedication heraus kommen werden, mit welchen die Mahler den ersten Theil ihrer Discoursen beschliessen. Sie haben sich entschlossen alle halbe Jahre einen solchen zu formieren; welches der Verleger darum bekannt machet, weil er nicht gesonnen ist, die Discourse ins künfftig anderst einzeln zu debitieren, als denjenigen welche sich einschreiben wollen, den gantzen Tome zu nehmen à Raison des gewohnten Preises.

Ende des ersten Theiles.

Zürich, bey Joseph Lindinner, MDCCXXI.

Anmerkungen.

Erster Teil.

Die Widmung zum ersten Bande ist wahrscheinlich das gemeinsame Werk Bodmers und Breitingers. Sie kam am 26. September 1721 aus der Zensur zurück (Chronick S. 12). Ihrem Inhalte nach stimmt sie größtenteils mit dem französischen Schreiben überein, welches die Verfasser der Diskurse am 18. Oktober 1721 zur Begleitung des ersten Bandes an Richard Steele richteten (vgl. Chronick S. 13 ff. und „Der Spectator als Quelle der ‚Diskurse der Mahler'" S. 9 ff.). Es scheint mehr als zweifelhaft, daß Brief und Sendung Steele je erreicht haben, oder daß der englische Spectator seinen schweizerischen Nachahmern geantwortet habe. Mr. George A. Aitken, der Verfasser des gründlichsten Werkes über Steele (Life of Richard Steele, London 1890. 2 vols.), erwähnt den Brief der Maler Vol. I, 363 Anm., teilt mir aber brieflich in freundlichster Weise mit: I cannot give you any information about a reply to it. I have examined the originals or copies of all Steele's papers that are known to exist, including a number of rough drafts of letters, but I have not seen any evidence of a correspondence with Bodmer. But this, of course, does not prove that Steele never wrote to Bodmer.

In meiner schon genannten Abhandlung glaube ich nachgewiesen zu haben, daß die einleitenden Worte „Dieses Werck hat euch seinen Ursprung, einen Theil seiner Methode, und vielleicht alles dasjenige zu dancken, was es artiges hat", mehr als wahr sind. Die den einzelnen Diskursen hier beigefügten Quellenangaben werden die Tatsache abermals bestätigen. — Der Hinweis auf den Vorzug des „Spectator", welcher auch Briefe von Damen enthalte, ist sehr wohl begründet; denn zweifelsohne hat jene Zeitschrift (sie erschien in 555 Nummern vom 1. März 1711 bis 6. Dezember 1712 und wurde 1714 vom Juni bis Dezember in 80 weitern Nummern fortgesetzt) gerade deshalb auch in der Damenwelt so großen Anklang gefunden, weil diese selbst — wenigstens scheinbar — in derselben zum Worte kam. Derartige Briefe finden sich z. B. in Nr. 48, 53, 66, 79, 87, 92, 95, 140, 142 u. s. w. Die meisten (von den hier genannten alle außer Nr. 92) sind von Steele verfaßt.

1. **Diskurs. Programm und Organisation.** Von Hans Holbein = Bodmer. Wurde Ende April 1721 der Censur übergeben (Chr. S. 2) und konnte schon am 3. Mai an Dr. Zollikofer in St. Gallen und Professor Lauffer in Bern gedruckt verschickt werden.

Das offene Geständnis S. 8: „Die den Engeländischen Zuschauer gelesen haben, werden ohne Mühe merken, daß die Gesellschafft ihn zum Muster genommen hat" wird durch eine Reihe von Stellen bekräftigt. Die Aeußerung über die Vorurteile des Lesers S. 6 findet sich gleich in Nr. 1 des Spectator, wo Addison sagt: "I have observed, that a Reader seldom peruses a Book with Pleasure 'till he knows whether the Writer of it be a black or a fair Man, of a mild or cholerick Disposition, Married or a Batchelor, with other Particulars of the like nature, that conduce very much to the right Understanding of an Author." — Das Motto von Nr. 1 des Spectator:

Non fumum ex fulgore, sed ex fumo dare lucem
Cogitat, ut speciosa dehinc miracula promat.

Horatius, Ep. ad Pis. 143 — hat zu dem Vergleiche S. 7 Anlaß gegeben, die Verfasser der Diskurse „werden alsdenn dem Feuer nachfolgen, welches nicht einsmals in Flammen ausbricht, sondern mit einem kleinen Rauche anfängt sich zuentdecken." — Die „Coterie", deren Zusammensetzung S. 8 geschildert ist, entspricht ganz dem in den Schlußzeilen des Spectator Nr. 1 beschriebenen Club. Unter Octavius, Balgius, den beiden Visci, Servius und Furnius (S. 7) müssen bestimmte Persönlichkeiten verstanden sein; denn im „Mahler der Sitten" erscheinen sie als E.., F.., die beiden G.., L.., und „B. v. W., dieser erleuchtete und aufrichtige Kunstrichter." — Eine Art Fortsetzung dieses Diskurses findet sich Teil III, Diskurs 21.

Im „Mahler der Sitten" (vgl. Einleitung) findet sich unter Nr. 1 ein Stück „Von der Schwierigkeit jedermanns Beyfall zu erhalten", welches diesen ersten Diskurs stark umgearbeitet wiedergibt. Die direkten Entlehnungen aus dem englischen Vorbilde sind verwischt, und der neue Herausgeber fingirt keine „Coterie" mehr, sondern übernimmt auch für fremde Beiträge die Verantwortung: „Es ist nicht mehr als einer, der an der Schrift arbeitet, die mit diesem Blatt anfängt. Aber dieser einzige wird so verschiedene Arten von Charaktern der Scribenten und ihren Gemüthes=Verfassungen und Lehrarten, an sich nehmen, daß man ihn vor so viele besondere Personen ansehen könnte, als er einen andern Charakter an sich nimmt. Er hat Bekanntschaft mit einer ziemlichen Zahl geschickter Männer, welche ihm zu dieser ändernden Verschiedenheit behülfflich zu seyn, und überall ihren Vorschub und Beytrag zu thun versprechen. Er wird öfters nur ihr Mund und Worthalter seyn: doch wird alles durch seine Hand und durch sein Urtheil gehen. Auch wird er alleine für alles stehen; Diese Blätter werden nur ihm in die Rechnung kommen. Sie sind vielmehr Gesellen und Freunde des Verfassers, als selbst Verfasser."

2. **Diskurs. Freundschaft.** Von **Albrecht Dürer** = Bodmer. Wurde Ende April 1721 der Censur übergeben (Chr. S. 2). Dasselbe Thema wird Teil II, Disk. 4 und Disk. 24 von Dürer, jedoch beide Male = Breitinger, wieder behandelt, wenngleich nach andern Seiten hin.

Es ist nicht unmöglich, doch keineswegs nachweisbar, daß zwei Nummern des Spectator Veranlassung zu diesem Diskurse gegeben haben. Jedenfalls sind die Zürcher hier ganz ihre eigenen Wege gegangen. In Spect. Nr. 68 wird von Addison über die Freundschaft gesprochen im Anschlusse an Jesus Sirach, dem längere Stellen entnommen sind, auch Epiktet, Cicero, Horaz, Bacon werden erwähnt. Nr. 385 (von Budgell) zeigt verwandtere Gedanken, jedoch hält sich der Verfasser lange bei den Beispielen aus dem klassischen Altertum auf, und äußert teilweise Gedanken, denen Bodmer direkt widerspricht. Der Engländer behauptet: "A Likeness of Inclinations in every Particular is so far from being requisite..., that I believe we shall find some of the firmest Friendships to have been contracted between Persons of different Humours" etc., während Bodmer „Aehnlichkeit des Temperamentes und der Ideen" als Grundlage der Freundschaft fordert.

Im Mahler der Sitten erscheint als Stück 47: „Ob eine vollkommene Freundschaft seyn könne", worin Bodmer auffallender Weise seine frühere Ansicht ganz fallen läßt. „Die Beschreibungen der wahren Freundschaft, erfodern eine vollkommene Gleichheit der Naturelle; allein ich nehme die Freyheit zu sagen, daß diese Foderung närrisch sey, weilen sie sich auf etwas unmögliches beziehet." (S. 547.) Das ist der soeben erwähnte Gedanke Budgells (Spect. 385); wie überhaupt die beiden Nummern des Spectator (68 und 385) in der entsprechenden Abhandlung des Mahlers der Sitten viel stärker benutzt worden sind.

3. **Diskurs. Todesfurcht.** Von **Raphael von Urbin** = Bodmer. Wurde Ende April 1721 der Censur übergeben (Chr. S. 2). Nach dem Briefe an Pfarrer Rodolph in Gränichen, dat. 30. Oktober 1721 (Chr. S. 22) hat die Censur in diesem Diskurse einige Aenderungen gefordert, wodurch namentlich der Schluß etwas verworren geworden ist. — Der Anfang: „Die Furcht vor dem Tode liefert mehr Personen in seine kalten Arme, als die Seuche selbst" ist möglicherweise Anlehnung an die Stelle in Spect. Nr. 25 (Addison): "The Fear of Death often proves mortal." Die aus Canitz angeführten Verse (S. 18) stehen eigentlich im Femininum: „Seht wie sie der Tod bedräut" 2c. und entstammen der Klag-Ode über den Tod seiner ersten Gemahlin. Canitz, Sämtl. Gedichte. Bern 1770. S. 160.

4. **Diskurs.** Von der Aufrichtigkeit der Reden der Sterbenden. Von **Hannibal Carrache** = Breitinger. Wurde Ende April 1721 der Censur übergeben. Die (S. 21) aus Canitz angeführte Stelle findet sich in dessen vierter Satyre: Von dem Hof- Stadt- und Land-Leben (S. 119) und lautet dort in der neuen Ausgabe:

So traut das kluge thier, der mensch, sich selbst auch nicht,
Sein eigner tacht verglimmt, er folget frembdem licht. — Die Anekdote vom Tode des Rabelais lautet in den Oeuvres de Rabelais, Bruxelles 1721 (Schluß der einleitenden Biographie): «Le Cardinal du Bellay luy envoya un page pour sçavoir l'état de sa santé. La réponse fut: Dis à Monseigneur l'état où tu me vois; je m'en vay chercher un grand Peut-être. Il est au nid de la pie, dis luy qu'il s'y tienne; et pour toy tu ne seras jamais qu'un fol: tire le rideau, la farce est jouée.» Die von Bodmer gegebene Fassung der letzten Worte des großen Satirikers läßt sich trotz genauester Nachforschungen in etwa 20 verschiedenen Ausgaben (wofür ich Herrn Dr. Schirmer in London sehr zu Dank verpflichtet bin) nirgends nachweisen. — L. Annaeus Seneca, ad Lucilium epistolae morales, Nr. 24, hat nicht nur das Schlußcitat (S. 24) geliefert; der ganze Diskurs ist offenbar unter dem Einflusse jenes Briefes entstanden. — In fast unveränderter Form findet sich dieser Diskurs: Mahler der Sitten Nr. 18.

5. **Diskurs.** Geschichtschreibung. Von Albrecht Dürer = Bodmer. Wurde Ende April 1721 der Censur übergeben. — Der Mahler der Sitten Nr. 42 enthält dieselben Gedanken in etwas abgeänderter Gestalt. Vgl. G. Tobler, J. J. Bodmer als Geschichtschreiber. Neujahrsblatt der Stadtbibliothek in Zürich. 1891. S. 2—6.

6. **Diskurs.** Die Rede. Von Rubeen = Bodmer. Wurde Ende April 1721 der Censur übergeben (Chr. S. 2). — Die Anregung zu diesem Diskurse ist höchst wahrscheinlich von Nr. 373 des Spectator ausgegangen; demselben ist das spezielle Beispiel, Definition des Begriffes „Modestie" (S. 32), entnommen, sowie der Rat: „Das einzige Mittel dem Wortzank abzuhelffen ... ist dieses, daß man sich um die Erklährung der Wörtern bekümmere", welcher im Spectator lautet: "To avoid this Inconvenience (nämlich Mißverständnisse), more especially in moral Discourses, where the same Word should constantly be used in the same Sense, he earnestly recommends the use of Definitions." Unter "he" ist Locke gemeint, auf welchen der Spectator (Budgell) zurückgeht; vermutlich hat sich aber auch Bodmer selbst wieder an die ursprüngliche Quelle gewendet. Im "Essay on human understanding" Book III. Chap. 9, 10, 11, werden solche Fragen eingehend behandelt; man vgl. besonders Chap. 11, § 12 sqq.: Remedies of the Imperfection and Abuse of Words. — Das lateinische Citat S. 32 findet sich Vergil., Eclog. I, 4 & 5. — Die S. 33 angeführte Stelle über den Prinzen von Condé steht bei Bourdaloue, Oeuvres. Tome III, 69. Paris 1834. Oraison funèbre de Louis de Bourbon, Prince de Condé, et premier prince du sang. — Während Bodmer im Mahler der Sitten diesem Diskurse keine Aufnahme mehr gewährt hat, scheinen mir dagegen die „Vernünftigen Tadlerinnen" im 45. Stücke des I. Bandes (7. November 1725) wenigstens im Anfange davon beeinflußt zu sein.

7. **Diskurs.** Lob des einsamen Lebens. Von Michael Angelo = Bodmer. Wurde Ende April 1721 der Censur übergeben (Chr. S. 2), welche einige geringe Aenderungen im Ausdrucke verlangte (Chr. S. 22; Brief an Robolph). — Die (S. 36) angeführte Stelle aus Caniz findet sich in dessen IV. Satyre. Von dem Hof= Stadt= und Land=Leben. (Gedichte. Bern 1770. S. 117.) — Im Mahler der Sitten entspricht Nr. 21 dem vorliegenden Diskurse, welcher auch zur Abfassung des 38. Stückes des II. Bandes der Vernünftigen Tablerinnen (20. September 1726) Anlaß gegeben. Der dort eingefügte Brief eines in Halle weilenden Zürchers an die Tablerinnen ist eine geschickte Erfindung.

8. **Diskurs.** Verkehrte weibliche Erziehung. Von Hans Holbein = Bodmer. Wurde im Juni 1721 der Censur übergeben (Chr. S. 6), wobei zwei der Censoren bemerkten, der Diskurs sei „von sehr geringer Erbauung und dessen Essenz in wenig Zeilen zu bringen." — Die Abfassung geschah unter freier Benutzung von Zügen aus dem Spectator Nr. 10, 15 und 33. — „Ja für ihr Anlitz wird auch Kühmist ausgebrannt" (S. 41) stammt aus Opitzens Gedicht: „Auf Herrn Johann Mayers und Jungfrau Margrethen Gierlachin Hochzeit." Opitz, Teutsche Gedichte hg. von Triller II, 429 (Frankfurt a. M. 1746). — Die Stelle aus Fontenelle entstammt seinen Poésies pastorales. Daphné, 4. églogue. (Amsterdam 1716, p. 24.) — Mit unbedeutenden Abänderungen erscheint der Diskurs wieder im Mahler der Sitten Nr. 11: „Die Auferziehung und Sittenlehre einer Beauté à la mode."

9. **Diskurs.** Die Kunst des Denkens. Von Michael Angelo = Breitinger. Wurde im Juni 1721 der Censur übergeben (Chr. S. 6). Der Verfasser ist mit Locke's Essay on human understanding offenbar bekannt und benutzt denselben, ohne sich an eine bestimmte Stelle enger anzuschließen. — Im Zusammenhange mit diesem Diskurse steht der nächstfolgende, sowie Teil II, Disk. 6, beide von Breitinger.

10. **Diskurs.** Der Mensch ist verpflichtet zu denken. Von Michael Angelo = Breitinger. Wurde im Juni 1721 der Censur übergeben (Chr. S. 6). Die ursprüngliche Fassung der einleitenden Sätze findet sich Chr. S. 7. Der Ausdruck, „daß der Mensch durch einen eigenwilligen Tod seinem Leiden ein kurzes Ende zu machen" versucht sein könnte, wurde von einem Censor als „schandlich" erklärt und daher gemildert.

11. **Diskurs.** Verschiedenheit der Menschen. Von Carl le Brun. Horace le Blanc = Zellweger. Wurde vom Verfasser in französischer Sprache eingesandt und von Bodmer übersetzt; Ende Juni 1721 der Censur übergeben (Chr. S. 8). — Die Stelle aus Ennius (S. 54) findet sich in der Ausgabe von Vahlen (Lipsiae 1854) S. 121. Tragoediarum reliquiae v. 258 & 259. Was aus Boileau's achter Satyre angeführt ist (S. 54), lautet im Original:

v. 35—39: Mais l'homme, sans arrêt dans sa course insensée,
Voltige incessamment de pensée en pensée:
Son cœur, toujours flottant entre mille embarras,
Ne sait ni ce qu'il veut ni ce qu'il ne veut pas.
Ce qu'un jour il abhorre, en l'autre il le souhaite.
Und diese Stelle fußt auf Horat., Epist. I, 1. 97 sqq. — Das englische
Citat aus Swift (S. 58) bin ich zur Zeit näher nachzuweisen nicht im
Stande. —
Dieser Diskurs erscheint wieder im Mahler der Sitten Nr. 4. Da
er inhaltlich nicht verändert ist, eignet er sich vorzüglich dazu, sich zu ver=
gegenwärtigen, welch gewaltigen Fortschritt einerseits die Sprache selbst,
anderseits Bodmer im Gebrauche derselben von 1721 bis 1746 gemacht hat.

12. Diskurs. Wortspiele. Von Rubeen = Bodmer. Wurde
Ende Juni 1721 der Censur übergeben (Chr. S. 8). — Dem Verfasser
haben die Nr. 60, 61 und 62 des Spectator (sämtlich von Addison) vor=
gelegen. Zu dem Horazischen Motto wird speziell Nr. 62 veranlaßt haben,
wo sich die Stelle schon findet. Die einleitenden Bemerkungen über das
Wortspiel erinnern an Spectator Nr. 61: "On Punning"; die Aeußerung
(S. 62): „Je fertiger einer ist mit den Worten zu spielen, ... so viel
weniger guten Witz hat er", stammt eigentlich aus Locke, Essay on human
understanding (Book II, Chap. XI, § 2) und wird wieder angeführt im
Spectator Nr. 62. Ueber Anagrammata und Bouts=Rimez handelt Nr. 60
z. T. mit wörtlich denselben Ausdrücken. — Zu den Beispielen, sofern
ihre Herkunft nicht schon von Bodmer deutlich angegeben, ist zu bemerken
(S. 59): „Ein jeder in der Welt gläubt" ꝛc. findet sich in Benjamin
Neukirch, Auserlesene Gedichte hg. von Gottsched. Regenspurg 1744, S. 28:
An Sylvien, als sie mit ihm getanzet hatte. — (S. 59) „Uber einen hoch=
trabenden Poeten" ist aus Menantes (Hunold), Academische Nebenstunden.
Halle und Leipzig 1713, S. 103. — (S. 60) „Kein Mädgen ist befreyt
von Schmerzen", ebenda S. 100. — (S. 61) „Uber ein Coffe=Hauß",
ebenda S. 113; „Uber Cypern", ebenda S. 96. — Die Besserschen Verse
(S. 60) „Euch tastet Ludwig an" finden sich in von Bessers Schrifften
hg. von König. Leipzig 1732. Bd. I, 191: Dancksagung des befreyten
Unter=Rheins, an Se. Chur=Fürstl. Durchl. zu Brandenburg, Friederich
den Dritten, nach der Uebergabe von Bonn, im Octob. 1689. — Das
Anagramm „Glaub! uns Deutschen wirst du Ruh, aus Ungern Friede
bringen" (S. 63) ist entstanden aus: „Ernst August, Churfürst in Braun=
schweig und Lüneburg." Neukirch, Gedichte S. 230. — Johann Burkhard
Mencke, 1674—1732, ein vielseitiger Gelehrter, seit 1708 kurfürstlich
sächsischer Historiograph und Gründer (1717) der Leipziger Deutschübenden
poetischen Gesellschaft (einer Erweiterung der Görlitzer poetischen Gesell=
schaft), hat unter dem Namen Philander von der Linde mehrere Gedicht=
sammlungen erscheinen lassen. In den „Ernsthafften Gedichten", Leipzig
1723, findet sich S. 73/74: „Die Vergänglichkeit des menschlichen Lebens.

In einem Sonnet, darzu die Reime, so die Franzosen Bouts-rimez nennen, eher als die Materie, vorgegeben worden."

>Wir gehen in der Welt auf lauter falschen Brücken,
>Und gründen unser Glück auf ungewissen Sand;
>Bald läuft ein Wasser an, bald schrecket uns ein Brand;
>Bald jaget man uns aus, bald hält man uns mit Stricken,
>Das Glücke heuchelt uns nur mit verstellten Blicken;
>Und ach! was hilfft zuletzt uns Ehre, Glück und Stand?
>Wir müssen doch von hier einst in ein frembdes Land,
>Da braucht man keinen Staat, nicht Federn noch Perruquen.
>Inzwischen hat man hier gar schlechten Zeitvertreib,
>Da Neid und Mißgunst uns Getränck und Essen reichen,
>Und wie der Schatten sich uns mühen nach zu schleichen.
>Wenn wir gestorben seyn, so bleibt hier nur der Leib,
>Der krieget, weil man lebt, vom Glücke tausend Stöße,
>Und zeiget, wenn wir todt, die angebohrne Blöße.

Die am Schlusse von Bodmer verheißenen Gedanken über den Reim folgen II. Teil, 7. Diskurs. Das ganze Thema, jedoch viel weiter ausgeführt und in sorgfältigerer Anordnung, findet sich wieder im Mahler der Sitten Nr. 32 und 33. — Die Vernünftigen Tablerinnen nehmen auf diesen Diskurs Bezug I, Stück 37, S. 297, und ahmen ihn teilweise nach I, Stück 49. Gegen allzu große Spitzfindigkeit aber wird protestirtl, Stück 34, S. 271: „Rubeen ist insonderheit ein solcher Grübler, der, wie man zu sagen pfleget, Flöhe husten höret, und Gras wachsen siehet."

13. Diskurs. Selbsterkenntniß. Von Hannibal Carrache = Breitinger. Wurde Ende Juni 1721 der Censur übergeben (Chr. S. 8).— Wie das Motto sich an dasjenige des Spectator Nr. 399 anschließt, so zeigt auch der Inhalt unsers Diskurses einen offenbaren Zusammenhang mit dem englischen Originale (Addison). Man vergleiche S. 66: „Zu dieser Wissenschafft (Selbsterkenntniß) kan er gelangen, wenn er auf alle seine Thaten, sie dependieren gleich von dem Willen, von dem Verstande, von der Phantasie oder der Machine, genaue Achtung giebet", mit der Stelle aus dem Spectator: "We should likewise be very apprehensive of those Actions which proceed from natural Constitution, favourite Passions, particular Education, etc." — Vgl. Diskurs 17 und 21.

14. Diskurs. Von dem Mißbrauche des väterlichen Ansehens. Von Albrecht Dürer = Bodmer. Wurde im Juni 1721 der Censur übergeben (Ch. S. 6). — Das Thema zu dieser Abhandlung ist zu finden im Spectator Nr. 157 (Steele): "The natural Disposition to any Particular Art, Science, Profession, or Trade, is very much to be consulted in the Care of Youth"; sowie in Nr. 21: "The Misfortune is, that Parents take a Liking to a particular Profession, and therefore desire their Sons may be of it. Whereas, in so great an Affair of Life, they

should consider the Genius and Abilities of their Children, more than their own Inclinations." — Mit geringer Abänderung findet sich dieser Diskurs wieder im Mahler der Sitten Nr. 59.

15. Diskurs. Gegen das Kartenspiel. Von Albrecht Dürer = Breitinger. Kam am 19. Juli 1721 aus der Censur zurück (Ch. S. 8; vgl. auch S. 21 über den Anstoß, den dieser Diskurs beim Antistes erregt). — Obgleich in Nr. 93 des Spectator (Addison) sich auch eine Stelle gegen das Kartenspiel findet, ist doch eine Entlehnung nicht anzunehmen. — Die Anekdote über Locke (S. 74) steht in der Bibliothèque choisie, pour servir de suite à la bibliothèque universelle. Par Jean le Clerc. Tome VI, 357. Amsterdam 1705. — Im Mahler der Sitten Nr. 16 findet sich ein fast wörtlicher Wiederabdruck. — Die Vernünftigen Tadlerinnen, I, Stück 14, vom 4. April 1725 bringen eine Satyre gegen das Kartenspiel, die deutlich den Zürchern entnommen ist, indem sogar einzelne Sätze gleich lauten. Die Locke'sche Anekdote wird in nicht eben geschickter Weise vom Verfasser als selbsterlebt erzählt und entsprechend erweitert.

16. Diskurs. Pedanterie. Von Hans Holbein = Bodmer und Breitinger. Kam am 19. Juli 1721 aus der Censur zurück (Ch. S. 8; vgl. auch S. 21: einer der Herren Censoren — Canonicus Holzhalb — fühlte sich in der Schilderung des Pedanten getroffen; und S. 23: Bemerkungen, welche die Censur gemacht). — Es liegt nahe anzunehmen, es sei dieser Diskurs aus der Lektüre der 2. Hälfte von Nr. 105 des Spectator (Addison) hervorgegangen; jedoch darf man kaum von Entlehnung sprechen. Da die beiden Verfasser Shaftesbury kannten, ist auch recht wohl möglich, daß sie die Anregung aus dessen Characteristics b. h. aus dem "Essay on the Freedom of Wit and Humour" empfangen haben. — Unter „Menantens Manier höfflich zuconversieren" (S. 79) dürfte verstanden sein: Menantes (Hunold), Die allerneuste Manier höflich und galant zu schreiben. Hamburg 1702. — Ueber Lauffer (S. 80) siehe Chronick S. 3, Anm. — Lullianische Kunst (S. 80) oder Ars Lulliana, nach Raymond Lulle, dem spanischen Abenteurer und Philosophen, 1235—1315, welcher durch sein neues System der Logik die gesamte Philosophie glaubte reformiren zu können. Seine Lehre behauptete er durch Offenbarung von Gott erhalten zu haben. — Unter dem Titel: „Von der Gelahrtheit in schlechten und unnützlichen Dingen" erscheint dieser Diskurs wieder im Mahler der Sitten Nr. 36 und zwar in wesentlich veränderter Gestalt. — Stück 46 des II. Bandes der Vernünftigen Tadlerinnen (15. Nov. 1726) behandelt denselben Gegenstand mit der einleitenden Bemerkung: „Ich erinnere mich, daß ich vor einiger Zeit versprochen zu zeigen, daß nicht nur das männliche, sondern auch das weibliche Geschlecht offtmahls in das Laster der Pedanterey fallen könne. Zwar entsinne ich mich etwas davon in den Discoursen der schweitzerischen Mahler gelesen zu haben: allein weil ich dieselben nicht bey der Hand habe; so weiß ich so eigentlich nicht, was sie darüber vor Gedancken gehabt."

17. Diskurs. Selbsterkenntniß. Von Hannibal Carrache = Breitinger. Wurde Ende Juni 1721 der Censur übergeben (Chr. S. 8). — Dieser Diskurs ist eine Fortsetzung von Disk. 13, und als dritter gehört zu dieser Gruppe Disk. 21. Direkte Entlehnungen lassen sich zwar bei Breitinger nicht sehr oft nachweisen, doch bin ich überzeugt, daß Shaftesbury hier auf ihn eingewirkt hat. Man vergleiche den vierten Punkt (S. 84): „Die Erfahrung seiner selbsten ist endlich ein Spiegel darinne ich andre Leute sehen und erkennen kan", mit Shaftesbury, Characteristics, Miscellaneous Reflections IV, Chap. I (London 1733, Vol. III, 192): "We can in reality be assur'd of nothing, till we are first assur'd of what we are ourselves."

18. Diskurs. Raillerie. Von Hans Holbein = Bodmer und Breitinger. Wurde im Juni 1721 der Censur übergeben (Chr. S. 6); Joh. Heinr. Meister in Bayreuth übersetzte denselben ins Französische (Chr. S. 37/38). — Auch bei diesem Diskurse ist nach meiner Vermutung Shaftesbury nicht ohne Einfluß gewesen. Man möge aus seinen "Characteristics" vergleichen den "Essay on the Freedom of Wit and Humour" Part I, Sect. 3; sowie in Part IV, Sect. 1 den Ausdruck: "Nothing is ridiculous except what is deform'd: Nor is any thing proof against Raillery, except what is handsom and just." Dazu die Ansicht der Maler (S. 86): „Nichts kan lächerlich seyn, was nothwendig und natürlich ist; Man ist befugt alles zurailliieren, was keine Nothwendigkeit hat, und über die Natur austrittet." — Eine vollständige Umarbeitung dieses Diskurses steht im Mahler der Sitten Nr. 80.

19. Diskurs. Imagination. Von Rubeen = Bodmer. Dieser Diskurs bildet mit dem folgenden zusammen den Kern der Theorien, welche Bodmer und Breitinger später weiter ausführten und mit so großem Eifer und Geschick verteidigten. Gerade hier ist indessen die Abhängigkeit vom Spectator vollständiger als irgendwo sonst. Addison hatte in Nr. 411—421 ausführlich über die Imagination gehandelt, und seine Grundsätze sind es, welche Bodmer sich hier zu eigen gemacht hat. Die Bemerkung, daß der Dichter mit dem Mahler gewisse Gesetze gemein habe (S. 91), steht im Spectator Nr. 412; die Bedeutung der Natur und des Natürlichen findet sich in Nr. 414. (In England ist aus den Addison'schen Essays das Gedicht Mark Akenside's The Pleasures of the Imagination [1744] hervorgegangen.) — Ueberdies scheint Bodmer schon zu dieser Zeit die später so oft genannte Schrift von Du Bos, Réflexions critiques sur la poésie et sur la peinture. 3 vols. Paris 1719 gekannt zu haben. Für den vorliegenden Diskurs sind von Wichtigkeit Tome II, Sections 2 et 3: Du génie qui fait les peintres et les poètes. — Que l'impulsion du génie détermine à être peintre ou poète, ceux qui l'ont apporté en naissant. — Die angeführten Stellen aus Besser (S. 94) finden sich in dessen „Schrifften" Leipzig 1732. I, 38 und 54; die Verse aus dem „Klag=

Gedicht" s. II, 380, 381, 382, 384. Die zwei Zeilen „Ich liebte, wenn ich gleich" ꝛc. s. II, 377; während der Vers: „Ich lebte, weil ich ihr dadurch gefallen sollt" Bodmers eigene Erfindung zu sein scheint. — Die Strophen aus Canitz s. dessen Gedichte. Bern 1770. S. 158 und 164.

20. Diskurs. Dichtkunst, Malerei, Bildhauerkunst. Von Rubeen = Bodmer. Kam am 11. September 1721 aus der Censur zurück (Chr. S. 10). — Als direkte Quelle sind dieselben Nummern des Spectator zu nennen wie oben; dabei finden sich wörtliche Entlehnungen z. B. S. 97: „Die Natur ist in der Tat die einzige und allgemeine Lehrerin derjenigen, welche recht schreiben, mahlen und ätzen; .... Alles was keinen Grund in der Natur hat, kan niemand gefallen als einer dunckeln und ungestalten Imagination"; was in Nr. 414 des Spectator lautet: "If we consider the Works of Nature and Art, as they are qualified to entertain the Imagination, we shall find the last very defective in Comparison to the former.... We may be sure that artificial Works receive a greater Advantage from their Resemblance of such as are natural." — Oder S. 98: „Alles was wol nachgeahmet ist, wird uns angenehm, es seye so gräßlich und erbärmlich als es will"; bei Abbison (Nr. 418): "Any thing that is disagreeable when looked upon, pleases us in an apt Description." — Weitere Entlehnungen s. „Der Spectator als Quelle der Diskurse der Mahler" S. 19. — Die Verse aus Opitz (S. 100) stehen in seinen Teutschen Gedichten II, 396. Frankfurt a. M. 1746: „Über des berühmten Mahlers Herrn Bartholomäi Strobels Kunstbuch." — Der Mahler der Sitten Nr. 23 (Uebereinstimmung der Mahler und der Scribenten) giebt den vorliegenden Diskurs wieder mit weiteren Ausführungen.

21. Diskurs. Bloße Moral genügt nicht; Beispiele; Satyre. Von Hannibal Carrache = Breitinger. Kam am 19. Juli 1721 aus der Censur zurück (Chr. S. 8). Dieser Diskurs ist eine Fortsetzung der Diskurse 13 und 17.

22. Diskurs. Was wollen die Maler? Von der „Gesellschafft der Mahlern" = Bodmer. Kam am 11. September 1721 aus der Censur zurück (Chr. S. 10). — Zu S. 106: Die Gespräche der Todten des Bernard de Fontenelle erschienen später (1727) in einer Uebersetzung Gottscheds. — Zu S. 107: Unter dem „Pater Sonnenberg" versteht Bodmer wahrscheinlich Franz Alphons von Sonnenberg, 1683 Mitglied des Rates der Stadt Luzern, später Kapuziner. Er ist Verfasser einer „Christlichen Anleitung zur wahren Beicht." Solothurn 1691, und Uebersetzer von „Neuntägige Andacht zu dem h. Felix von Cantalicien." Aus dem Italienischen. Solothurn 1714.

23. Diskurs. Verbesserungen. Die Mahler = Bodmer und Breitinger. Kam am 26. September 1721 aus der Censur zurück

(Chr. S. 12). Bei diesen Verbesserungen ist von besonderem Interesse, daß die Maler bestrebt sind, nicht nur dunkle Ausdrücke und ungeschickte Wendungen in klarer Form zu geben, sondern namentlich auch Fremdwörter durch deutsche zu ersetzen. Zu S. 112 (resp. S. 15): Oeuvres de Descartes, publiées par Victor Cousin. Tome IV. Les passions de l'âme. — Corrige sodes etc. Hor., Epist. II. 3, 438 (Ad Pisones).

24. Diskurs. Von den Registern. Hans Holbein = Breitinger. Kam am 26. September 1721 aus der Censur zurück (Chr. S. 12). — Zwei junge Gelehrte streiten sich, wer dem Pantolabus (S. 118) ähnlicher sei (Chr. S. 26 und 38). In erweiterter Form findet sich dieser Diskurs wieder als Nr. 38 des Mahlers der Sitten.